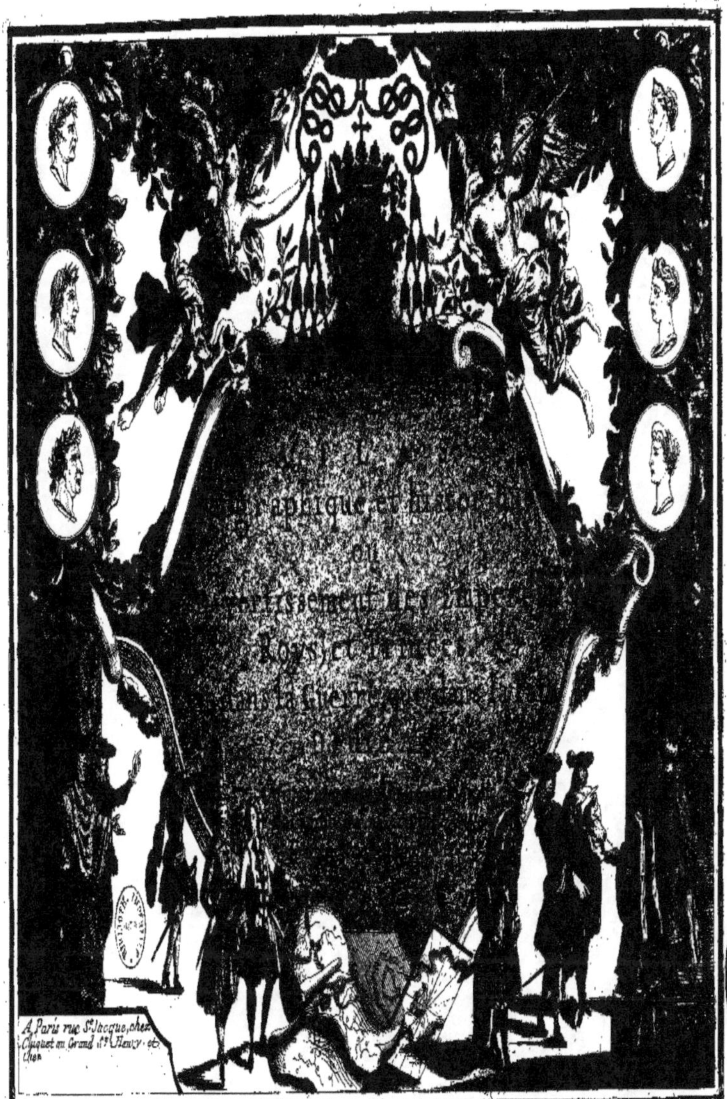

A Paris rue St Jacque, chez
Cliquet au Grand St Henry, et
chez

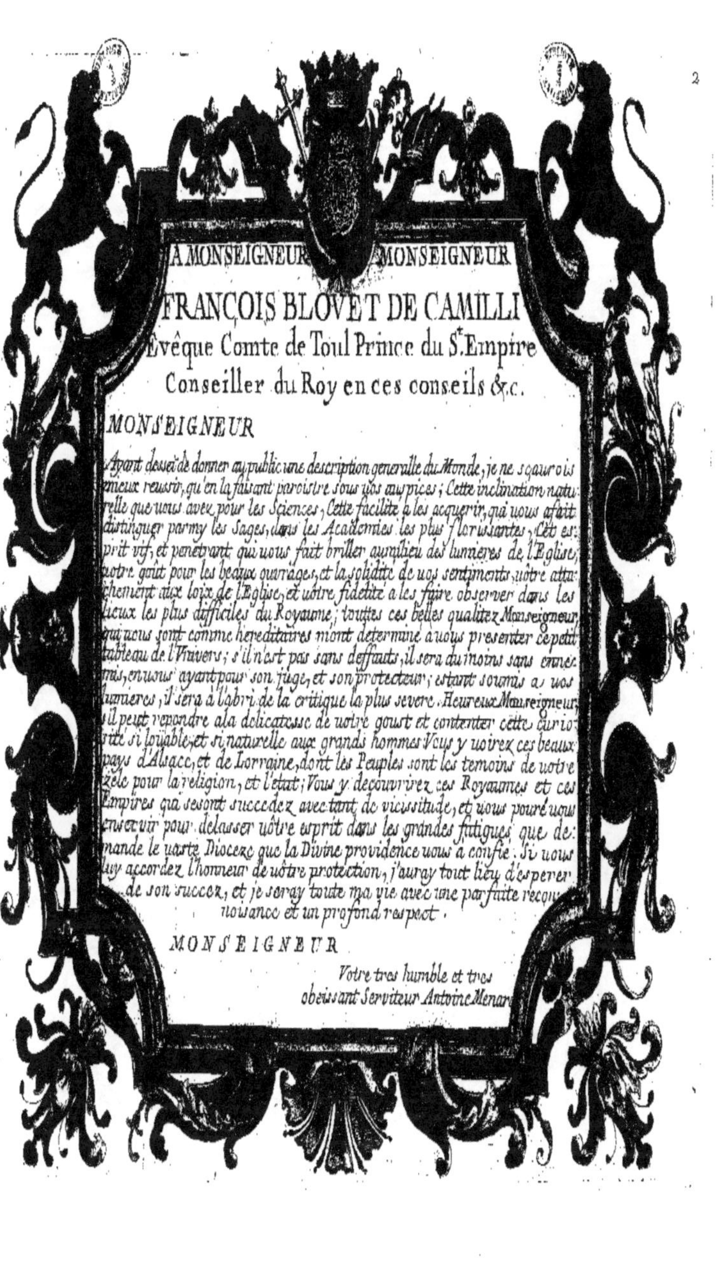

A MONSEIGNEUR MONSEIGNEUR

FRANÇOIS BLOVET DE CAMILLI

Evêque Comte de Toul Prince du St. Empire

Conseiller du Roy en ces conseils &c.

MONSEIGNEUR

Ayant dessei de donner au public une description generalle du Monde, je ne sçaurois mieux reussir, qu'en la faisant paroistre sous uos auspices; Cette inclination naturelle que uous avez pour les Sciences, Cette facilité a les acquerir, qui uous afait distinguer parmy les Sages, dans les Academies les plus florissantes, Cét esprit vif, et penetrant qui uous fait briller aumilieu des lumieres de l'Eglise, uôtre goût pour les beaux ouvrages, et la solidité de uos sentiments, uôtre attachement aux loix de l'Eglise, et uôtre fidelité a les faire observer dans les lieux les plus difficiles du Royaume; touttes ces belles qualitez Monseigneur, qui uous sont comme hereditaires m'ont determine a uous presenter cepetit tableau de l'Vnivers; s'il n'est pas sans deffauts, il sera du moins sans ennemis, en uous ayant pour son juge, et son protecteur; estant soumis a uos lumieres, il sera à l'abri de la critique la plus severe. Heureux Monseigneur, s'il peut repondre ala delicatesse de uôtre goust et contenter cette curiosité si loüable, et si naturelle aux grands hommes Vous y uoirez ces beaux pays d'Alsace, et de Lorraine, dont les Peuples sont les temoins de uôtre zele pour la religion, et l'etat; Vous y decouvrirez ces Royaumes et ces Empires qui sesont succedez avec tant de vicissitude, et uous pouré uous en servir pour delasser uôtre esprit dans les grandes fatigues, que demande le vaste Dioceze que la Divine providence uous a confie. Si uous luy accordez l'honneur de uôtre protection, j'auray tout lieu d'esperer de son succez, et je seray toute ma vie avec une parfaite recounoissance et un profond respect.

MONSEIGNEUR

Votre tres humble et tres
obeissant Serviteur Antoine Menar

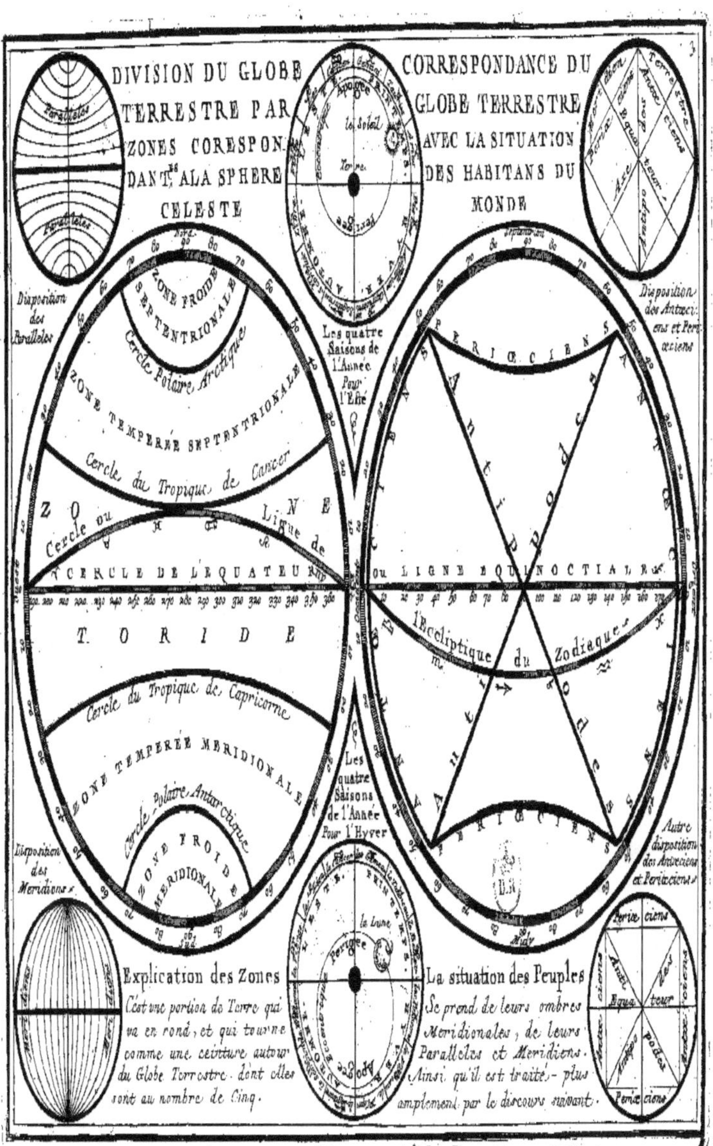
DIVISION DU GLOBE TERRESTRE PAR ZONES CORESPONDANTES ALA SPHERE CELESTE
CORRESPONDANCE DU GLOBE TERRESTRE AVEC LA SITUATION DES HABITANS DU MONDE
Parallèles
Disposition des Parallèles
Les quatre Saisons de l'Année Pour l'Eté
Le soleil
Apogée
Terre
Disposition des Antieciens et Periœciens
ZONE FROIDE SEPTENTRIONALE
Cercle Polaire Arctique
ZONE TEMPERÉE SEPTENTRIONALE
Cercle du Tropique de Cancer
Cercle ou Ligne de
ZONE
PERIŒCIENS
ANTIPODES
CERCLE DE L'EQUATEUR
OU LIGNE EQUINOCTIALE
T. O R I D E
L'Ecliptique du Zodiaque
Cercle du Tropique de Capricorne
ZONE TEMPERÉE MERIDIONALE
Cercle Polaire Antarctique
ZONE FROIDE MERIDIONALE
Les quatre Saisons de l'Année Pour l'Hyver
PERIŒCIENS
Midy
Disposition des Meridiens
La Lune
Perigée
Autre disposition des Antieciens et Periœciens
Periœciens
Antieciens
Equateur
Antipodes
Periœciens
Explication des Zones
C'est une portion de Terre qui va en rond, et qui tourne comme une ceinture autour du Globe Terrestre dont elles sont au nombre de Cinq.
La situation des Peuples
Se prend de leurs ombres Meridionales, de leurs Parallèles et Meridiens. Ainsi qu'il est traité plus amplement par le discours suivant.

EXPLICATION DES ZONES

Zone est une espace du Globe Terrestre enclos entre deux petits cercles, ou entre un petit cercle, et le pole de la terre. Les 4 petits cercles paralelles teur sõt les 2. Tropiques et 2. polaires, que les Geographes peing.tt sur leur globe Terrestre, divisent la surface de la terre en cinq espaces, qu'ils appellent Zones, qui vaut autant a dire que ceintures, pource que comme ceintures elles entourent la terre. Parmenidas a êté le premier qui a divisé la superficie de la terre en Zones. Il y en a toutefois qui veulent que les Zones soient prises au Ciel, et non a la terre. Mais il n'importe pas en quel lieu on les prenne, d'autant que la convexité de la terre estant contrique à la concavité du Ciel, leurs superficies sont en semblable situation. En sorte que les parties du Ciel, repondent exactement aux parties de la Terre, mêmes les cercles aux cercles, et les points aux points. Et quoy qu'elles soient au nombre de cinq, une torride, deux temperées, et deux froides. Polibe toutefois en à mis six, deux torrides, deux temperées, et deux froides. La Zone torride est une espace du globe Terrestre, enclos entre les deux tropiques terrestres, qui contient quarantesept degrez de latitude, par consequent 1410. lieües Françoises de large.

Les deux Zones temperées sont les espaces du globe terrestre, enclos entre les tropiques, et polaires terrestres, qui contiennent chacune quarante trois degrez de latitude, et par consequant 1290. lieües francoises de large.

Les 2. Zones froides sont les espaces du globe terrestre, enclos entre les polaires et poles terrestres qui contienent chacune vingt-trois degrez et demy de latitude, et par consequant 705. lieües françoise de large.

LA SITUATION des PEUPLES.

Les habitans de la Terre ont divers noms selon la diverse situation qu'ils ont entr'eux, car au respect du lieu où quelqu'un est, il appellera les uns Periæciens, les autres Antæciens, et les autres Antipodes, excepté quand on est sous l'Equateur, ou sous les Poles, où seulement il y a des Antipodes. Les Antæciens, sont ceux qui également éloignez de l'Equateur, vers l'un et l'autre Pole, et qui estant dans 2. Zones differentes (s'ils ne sont dans la Torride) sont un même Meridien, mais ils sont opposez dans leurs paralelles. Ils ont le Midy et la Minuit en même temps, mais leurs Saisons sont opposées, quand les uns ont l'hyver et les cours jours, les autres ont l'Esté, et les longs jours.

Les Periæciens sont ceux qui également éloignez de l'Equateur, et sous la même hauteur du Pole, habitent une même Zone, autour d'un même paralelle, mais ils sont opposez dans leurs Meridiens. Ils ont même temperature d'air, même Hyver, et Esté, pareil accroissement de jours et de nuits, et en même temps avec cette seule difference, que quand les uns ont midy, les autres ont minuit.

Il faut considerer les Periæciens, suivant la longitude de la terre, et les Antæciens, selon sa latitude.

Les Antipodes, sont ceux qui également éloignez de part et d'autre des Poles du Monde, auroient pieds contre pieds si on tiroit une ligne droite au travers de la terre. Tout leur est opposé, le jour, la nuit, les Saisons de l'année, le midy, et la minuit, hormis sous l'Equateur, où les Antipodes ont les jours egaux aux nuits. Enfin les Antipodes ont même Meridien, même chaleur en Esté, même froid en Hyver, même egalité, accroissement, decroissement, de jours, et même elevation des Poles, mais opposez.

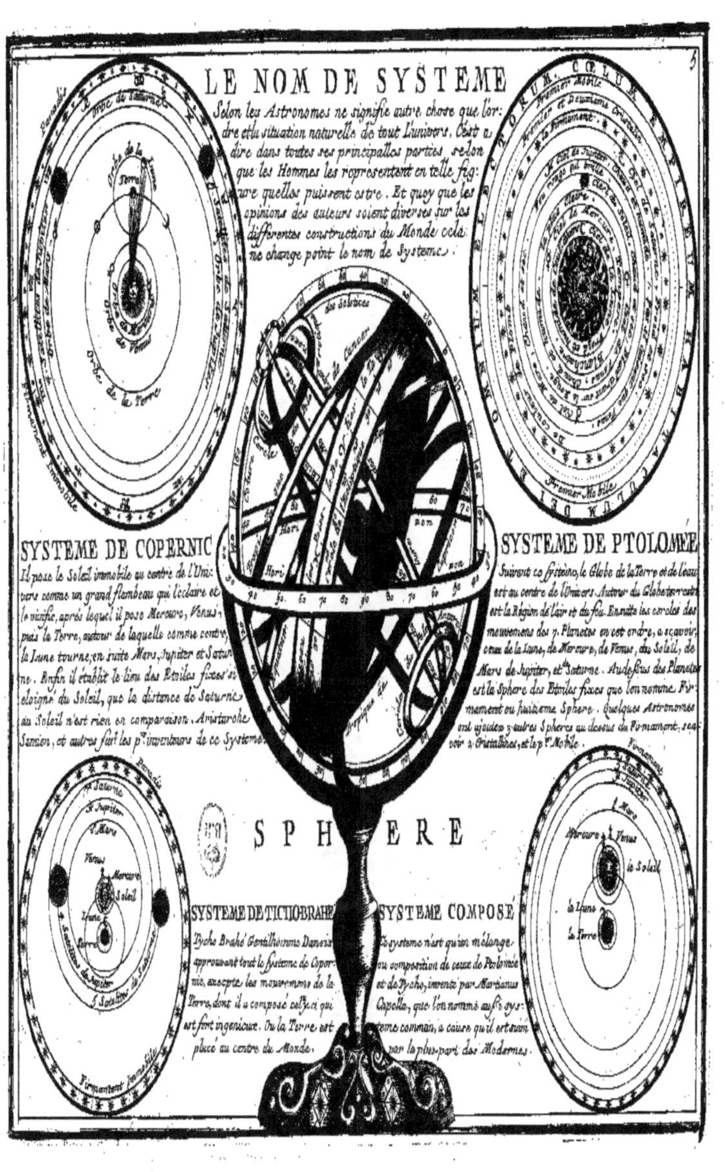

LE NOM DE SYSTEME
Selon les Astronomes ne signifie autre chose que l'or:
dre et la situation naturelle de tout l'Univers. C'est a
dire dans toutes ses principalles parties selon
que les Hommes les representent en telle fig:
ure quelles puissent estre. Et quoy que les
opinions des auteurs soient diverses sur les
differentes constructions du Monde cela
ne change point le nom de Systeme.

SYSTEME DE COPERNIC
Il pose le Soleil immobile au centre de l'Uni:
vers comme un grand flambeau qui l'eclaire et
le vivifie, après lequel il pose Mercure, Venus,
puis la Terre, autour de laquelle comme centre
la Lune tourne; en suite Mars, Jupiter et Satur:
ne. Enfin il etablit le lieu des Etoiles fixes si
eloigné du Soleil, que la distance de Saturne
au Soleil n'est rien en comparaison. Aristarche
Samien, et autres sont les p.inventeurs de ce Systeme.

SYSTEME DE PTOLOMÉE
Suivant ce systeme, le Globe de la Terre et de l'eau
est au centre de l'Univers. Autour du Globe terrestre
est la Region de l'air et du feu. Ensuite les cercles des
mouvemens des 7. Planetes en cet ordre, a scavoir
ceux de la Lune, de Mercure, de Venus, du Soleil, de
Mars de Jupiter, et Saturne. Au dessus des Planetes
est la Sphere des Etoiles fixes que l'on nomme, Fir:
mament ou huitieme Sphere. Quelques Astronomes
ont ajouté y autres Spheres au dessus du Firmament, sca:
voir 2. Cristallines, et le p.Mobile.

SPHERE

SYSTEME DE TICHOBRAHE
Tycho Brahé Gentilhomme Danois
approuvent tout le systeme de Coper:
nic, excepte les mouvemens de la
Terre, dont il a composé celuy ci qui
est fort ingenieux. Ou la Terre est
placée au centre du Monde.

SYSTEME COMPOSE
Ce systeme n'est qu'un mélange
ou composition de ceux de Ptolomée
et de Tycho, inventé par Marianus
Capella, que l'on nomme aussi sys:
teme commun, a cause qu'il est suivi
par la plus part des Modernes.

La Sphere est ou naturelle, ou artificielle, la Naturelle, est tout ce que Dieu a creé que l'on appelle Monde. L'Artificielle est celle qui par certains Cercles represente les mouvemens de la naturelle. Utile a la Geographie et Cosmographie. Ses parties principales sont l'Essieu, les Poles, et les Cercles distinguez par six grands, et quatre petits.

De l'Axe ou Essieu.

En premier lieu il faut considerer dans la Sphere l'Axe ou Essieu, C'est a dire, cette Ligne droite, qui passant par le centre de la Terre sert de diametre a tout le Monde le mesurant par le milieu jusqu'au 2 Poles.

Des deux Poles.

Les bouts et extremitez de cet essieu s'appellent les Poles du Monde du mot Grec qui signifie tourner, parce que toutte la machine de ce grand Univers roule et tourne incessamment autour d'eux. Le Globe terrestre demeurant tousiours immobile en son centre, Celuy qui paroit tousiours sur nos testes se nomme Arctique et Celuy qui est tousiours caché sous l'Horizon se nomme Antarctique, come estant opposé a l'Arctique.

De l'Equateur.

L'Equateur, que les Mariniers et autres ont coustume d'appeller la Ligne, est un des grands Cercles, egalement distants des Poles du Monde qui coupe la Sphere en 2 parties egales. Il est nommé Equateur a cause qu'il est comme la mesure et regle de tous les autres. Equinoctial pour ceque le Soleil estant dessous il se fait equinox par tout le Monde, c'est a dire, les jours sont egaux aux nuicts, ce qui arrive 2 fois l'an environ le 21 Mars et le 23 de Septembre.

Du Zodiaque.

Le Zodiaque est un des grands Cercles de la Sphere, divisé en 360 Degrez, comme tous les autres cercles, lequel estant couché de biais et de travers entre les 2 Poles du Monde, coupe l'Equateur par le milieu et touche de ligne de ses extremitez le

Tropique d'Esté au commencement du Signe de l'Ecrevisse, et de l'autre le Tropique d'Hyuer au commencement du Signe du Capricorne. Soubs cette ligne les 12 Signes et les 7 Planettes cheminent tousiours, Les Eclipses s'y font aussy avec plusieurs autres remarques.

Des deux Colures.

Les Colures sont 2 grands Cercles qui s'entrecouppent en angles droits Spheriques, au Poles du Monde l'un des quels se nomme des Solstices, l'autre des Equinoxes dont le premier passe par le commencement de l'Ecrevisse et du Capricorne, le deuxieme passe par le commencement du Belier et de la Balance.

Du Meridien.

Le Meridien est un des grands Cercles qui passe par les Poles du Monde, et de l'Horizon, du quel lieu il est dit Zenit et Nadir, Il est nommé Meridien parceque le Soleil y estant arrivé il est l'heure de Midy à tous ceux qui sont situez sous le mesme Meridien.

De l'Horizon.

L'Horizon est un des 6 grands Cercles de la Sphere qui separe la moitié du Monde, que nous voyons d'avec l'autre qui nous est cachée. Et la diverse acception est difficile de le definir. On peut dire seulement en gros, que c'est un Cercle qui borne la veüe au Ciel ou en la Terre, et c'est pour cette raison que les Grecs le nomment Orizo qui signifie borner notre veüe.

Des deux Tropiques.

Les deux Tropiques sont deux des 4 petits Cercles, l'un nommé de l'Ecrevisse, et c'est celui qui nous donne l'Esté, qui est le Septentrional. L'autre est celui de Capricorne, et c'est le Meridional, et nous donne l'Hyuer.

Des deux Cercles Polaires.

Les deux cercles Polaires sont deux autres petits cercles qui monstrent quelle est distance entre les Poles du Monde, et du Zodiaque, l'un est nommé Arctique et l'autre Antarctique, le premier est sur nos testes et le 2.e sous nos pieds.

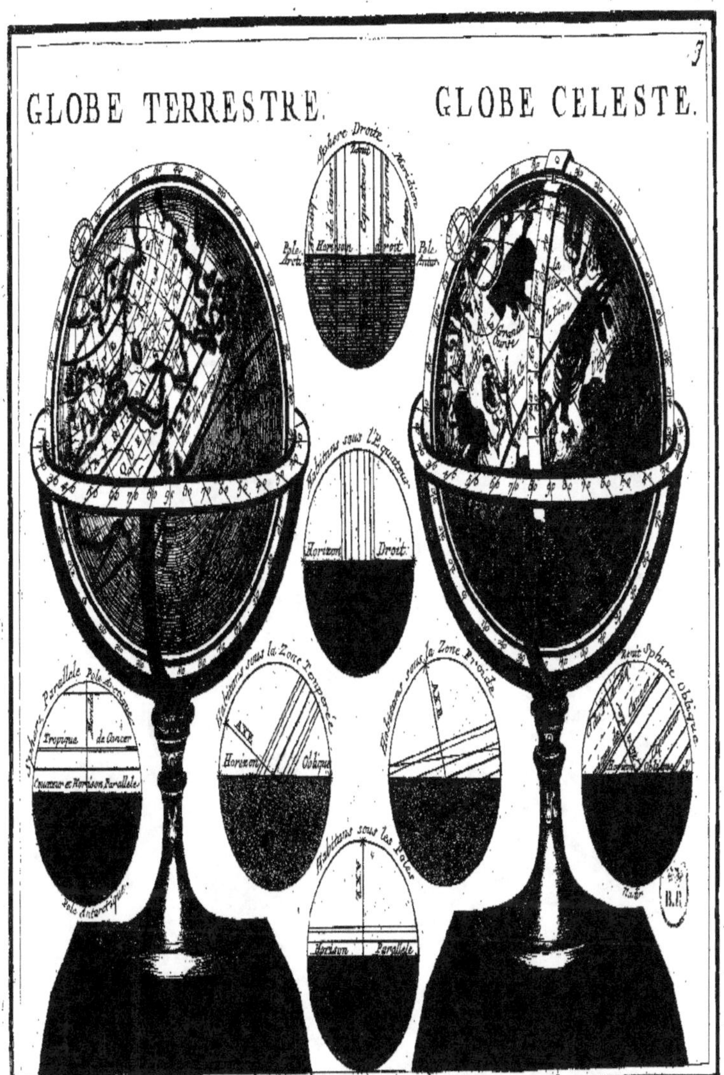

GLOBE TERRESTRE.
GLOBE CELESTE.
Sphere Droite
Pole Droit.
Horizon Droit.
Pole Antar.
Habitans sous l'Equateur.
Horizon Droit.
Parallele
Pole du Monde
Tropique de Cancer
Horizon
Equateur et Horizon Paralleles
Pole Antarctique
Habitans sous la Zone Temperée
AXE
Horizon
Oblique
Habitans sous la Zone Froide
AXE
Habitans sous les Poles
AXE
Horizon
Parallele
Droite Sphere Oblique
Horizon Oblique

Les Philosophes ont livré dans leurs Ecoles les plus de Batailles sur la grandeur de la Terre, que les Princes pour s'en rendre maistres. Aristote, Ptolomée, Hipparche, Eratosthene, et plusieurs autres ont chacun leur compte different. On divise le Ciel aussi bien que la Terre en trois cent soixante parties, qu'on nomme Degrez. Chaque Degré est aussi divisé en soixante autres parties, qu'on nomme scrupules, ou minutes, et chaque minute contient un mille d'Italie. De sorte qu'à mettre comme l'on fait quatre mille d'Italie, pour faire une lieuë ou un mille d'Allemagne chaque degré contiendra 15. milles d'Allemagne, et tout le tour de la Terre 5400 lieuës ou milles d'Allemagne, ce qui fait dix mille, et huict cens lieuës Françoises, parce qu'elles sont ordinairement une fois plus courtes que celles d'Allemagne n'estant que de deux milles d'Italie.

Le Diametre est le tiers de cette circonference, ou un peu plus, y ayant la proportion qui se trouve de sept à vingt deux; Et le Demidiametre, qui est l'espace depuis la superficie de la Terre jusques à son centre, se regle là dessus. Ce Demidiametre a donc de lieuës Françoises mille huict cens, qui est le Diametre entier à compter par milles d'Allemagne, car de ceux qu'il n'y en a jusques au centre de la Terre que 900. Tous les Degrez Se reglent et distinguent par Longitudes, et Latitudes; les p.^{les} Se comptent sur l'Equateur, et les 2.es sur les Meridiens ou sur le p. Meridié. Messieurs de l'Academie Royalle des Sciences, suivant les observations qu'ils ont faites donnant à la Terre que nous habitons 9000. lieuës de 2282. toises et demie chacune, et par consequent depuis le centre de la Terre jusqu'à la superficie il y à 1432. lieuës et 1462. toises en toute la superficie de la Terre, y comprise celle des Eaux, étant suposée ronde excepté les montagnes et les vallées et non pas comme une plaine d'une vaste étenduë comme quelques-uns s'imaginent, elle contient 2568000. lieuës quarrées.

Le Ciel du premier mobile qui et rond, tourne d'Occident en Orient, sur les Poles de l'Ecliptique, et d'Orient en Occident, sur les Poles du Monde, qui fait sa revolution en 24 heures, et c'est un Corps d'une si immense étenduë, qu'il est incomprehensible de concevoir sa grandeur, quoy qu'on le divise en 360 Degrez, qui sont bien plus grands que ceux de la Terre. Il est si grand qu'il renferme et envelope en soy toute la Terre, et les Eaux ensemble, et contient une si grande et prodigieuse quantité d'Etoiles, que celles que nous voions sans lunetes, sont au nombre de 1022 selon Ptolomée, et selon Kepler, 1992. et avec des lunetes de longue veuë on en aperçoit une si grande quantité que le St Esprit dit nombrez les Etoiles du Firmament si vous pouvez. En effet il y en a un si grand nombre que l'on en compte plus de mille, dans la seule Constellation d'Orion. Enfin il faut qu'il soit bien grand puis que la moindre est tenuë plus grande 18 fois que le Globe Terrestre, et une de la premiere grandeur est 107. fois plus grande que la Terre, dont l'on en voit 15. Le Soleil est plus grand qu'elle 166 Fois. La Lune est moindre que la Terre 39. fois, car si la terre n'estoit pas plus grande que la Lune, l'ombre d'icelle ne pourroit pas éclipser entierement cet Astre.

Distance de la Terre au Ciel.

L'on asseure que si un Courier pouvoit aller en poste au Ciel aussi facilement qu'il court sur la Terre, il n'arriveroit pas de treize cens ans, puis qu'à la concavité du Ciel des Etoiles, ne faisant tous les jours que trente cinq lieuës Françoises.

Quelques uns ont écrit que si on iettoit du haut du Firmament en bas une meule de Moulin, elle emploieroit plus de 27 ans avant que de toucher la Terre, encore qu'elle fit 70 lieuës de chemin à toutes les heures du jour et de la nuict.

Hesiode dit qu'il y a aussi loin de la surface de la Terre au Tartare, que du Ciel en Terre. Et qu'une Enclume de fer seroit 9 jours, et neuf nuicts à descendre du Ciel en Terre, ou elle arriveroit le dixieme. Adjoustant qu'elle seroit autant à descendre de la Terre jusques au Tartare.

Les Cosmographes veulent qu'il y ait de la Terre jusques au Ciel de la Lune cinquante deux Demidiametres de la mesme Terre et dix huict fois autant que au Soleil.

Quelques uns pretendent que la distance de la Terre, au Ciel est si grande que si Adam vivoit encore, et que depuis le jour de sa creation il auoit pu toujours marcher vers le Ciel, trente six Milles par jour il ne seroit pas encore arrivé a la concavité du huitieme Ciel.

On pretend aussy que si un boulet de Canon tomboit du Ciel où sont placées les Etoilles, il emploieroit plus de vingt ans devant que de toucher en Terre, quand il feroit 200 lieuës par jour.

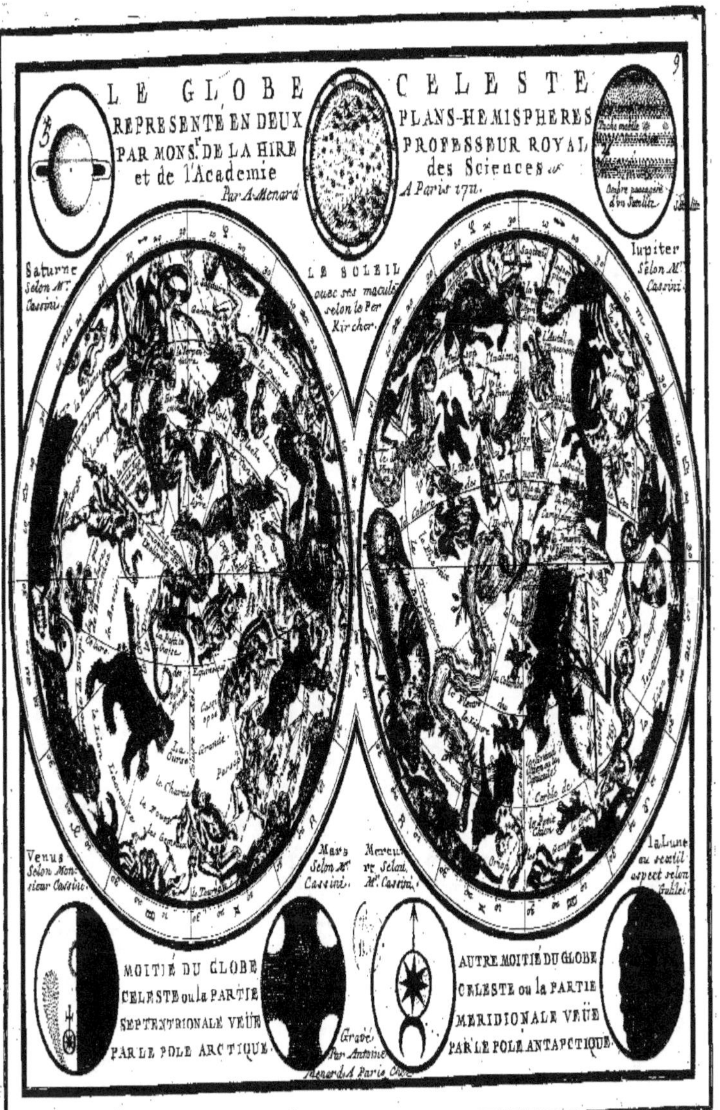
LE GLOBE CELESTE
REPRESENTÉ EN DEUX PLANS-HEMISPHERES
PAR MONS.r DE LA HIRE PROFESSEUR ROYAL
et de l'Academie des Sciences
Par A. Menard A Paris 1711
Saturne Selon Mr. Cassini
LE SOLEIL auec ses macules selon le Per Kircher
Taches mobile
Ombre passagere d'un Satellite
Iupiter Selon Mr. Cassini
Venus Selon Monsieur Cassini
Mars Selon Mr. Cassini
Mercure Selon Mr. Cassini
la Lune au soleil aspect selon Hublei
MOITIÉ DU GLOBE CELESTE ou la PARTIE SEPTENTRIONALE VEÜE PAR LE POLE ARCTIQUE
AUTRE MOITIÉ DU GLOBE CELESTE ou la PARTIE MERIDIONALE VEÜE PAR LE POLE ANTARCTIQUE
Gravé Par Antoine Menard à Paris

LES ANTERISMES, ou CONSTELLATION

Anterisme ou constellation est une quantité d'Estoilles fixes, representant par leur ordre ou disposition l'image de quelque chose. Les Phœniciens pour
mieux connoître les Etoilles, les ont distinguées en
certaines classes, qu'Hipparchus nomme Anterismes,
et les Latins constellations. desquelles il y en à douze
au Zodiaque, sçavoir 6. Septentrionaux qui sont, le
Belier ou Jupiter Ammon : qui à 28. Estoilles selon
Ptolomée et 23. selon Kepler, le Taureau, porteur d'Europe, ou Io : qui à 44. E. ou 52. les Gemeaux, ou Castor et
Pollux : qui à 25. E. ou 30. l'Ecrevisse : qui à 13. E. ou 17. le
Lyon, Nemeen : à 35. E. ou 40. la Vierge, ou Ceres : à 32. E.
ou 41. et 6 Meridionaux, les quels sont, la Balance : qui
à 17. E. ou 20. le Scorpion, ou la grande beste : à 24. E. ou
27. le Sagittaire, ou Chiron : à 31. E. le Capricorne, ou
bouc marin : à 28. E. ou 18. le Verseau, ou Deucalion : à
45. E. ou 45. les Poissons, ou les enfans de Derceto : qui
à 34. Estoilles ou 42.

Entre le Zodiaque et le Pole Septentrional il y en à 28.
sçavoir la Cynosure, ou petite Ourse : qui à 7. Estoilles
selon Ptolomée et 20. selon Kepler, Helice, ou la grande
Ourse : à 35. E. ou 56. le Dragon, ou gardien des Hesperides
à 31. E. ou 32. Cephée, ou Iasides : a 13. E. ou 12. la Chevre
à 28. E. ou le Fleuve Iourdain, à 31. E. ou le Bouvier,
ou gardien de l'Ourse : à 23. E. ou 29. la Couronne de
Vulcan, ou de Thesée : à 8. E. ou 8. Hercules, ou Prome-
thée : à 28. E. ou 31. la Lyre d'Orphée, ou Vautour tom-
bant : à 10. E. ou 11. le Fleuve du Tygre ; à 38. E. ou
le Cygne, ou la Poule : à 19. E. ou 28. le Sceptre ; à 17.
E. ou le Throsne Royal, ou Cassiopée : a 13 E. ou 45.
Persée, ou porteur du Chef de Meduze : à 29. E. ou 34.
le Chartier, ou Erichthon : à 14. E. ou 27. le Serpentai-

CELESTE, avec le NOMBRE de leurs ESTOILLES

re, ou Esculape : à 29. E. ou 56. le Serpent, à 18. E. ou
26. le Dard, ou Demon Meridien : à 5. E. ou 4. l'Aigle,
ravisseur de Ganimede : à 15. E. ou 12. Antinous, à 17.
E. ou le Dauphin, porteur d'Arion : à 10. E. ou 10. le Che-
valet : à 4. E. ou 4. le Pegase, ou Bellerophon : à 20. E. ou 24.
Andromede, ou la femme enchantée : à 20. E. ou 26.
le Triangle, ou Deltoton : à 5. E. ou 5. la Chevelure
de Berenice, à E. ou 15. la Fleur de Lys, à 4. Estoilles.
Et Seize vers la partie Meridionale ; sçavoir la Ba-
leine, ou Monstre marin : à 22. Estoilles selon Ptolomée, ou 25. selon Kepler ; Orion, ou le furieux : à 38.
E. ou 62. la Licorne ; à 24. E. ou l'Eridan, ou fleuve
d'Orion, à 34. E. ou 39. le Lievre ; à 12. E. ou 13. le
petit Chien ; à 2. E. ou 5. le grand Chien, ou la
Canicule : à 29. E. ou 29. la Navire d'Argo, ou de
Iason, et Chariot de mer : à 45. E. ou 53. le Cen-
taure, ou Minotaure : à 24. E. ou 35. le Loup, ou la
Panthere : à 19. E. ou 19. la Tasse, ou la Cruche : à 7. E.
ou 8. le Corbeau, ou oyseau de Phœbus : à 7. E. ou 7.
l'Hydre, ou Couleuvre : à 27. E. ou 33. l'Autel, ou l'En-
censoir : à 7. E. ou 7. la Couronne Meridionale, ou roue
d'Ixion : à 13. E. ou 13. le Poisson meridional, ou Soli-
taire : à 18. E. ou 17.

Et finalement 17. autres qui ont esté remarquées par
ceux qui ont navigé vers le pole Antarctique ; sçavoir
la Gruë, à 13. E. selon Kepl. le Phenix, 16. l'Indien, 12. le Paon,
23. l'Oiseau Indien, 11. la Colombe, 11. la Mouche, 4. le Ca-
meleon, 10. le Triangle Austral, 5. la Croix, 4. le Poisson
volant, 7. la Dorade, 7. le Toucan, 8. l'Hydre, 21. le grand
Nuage, 3. le petit Nuage, 3. le Romboide, 4.
Enfin la Galaxie que l'on nomme aussi voye-lactée, est
une grande multitude d'Estoilles sans les pouvoir nombrer.

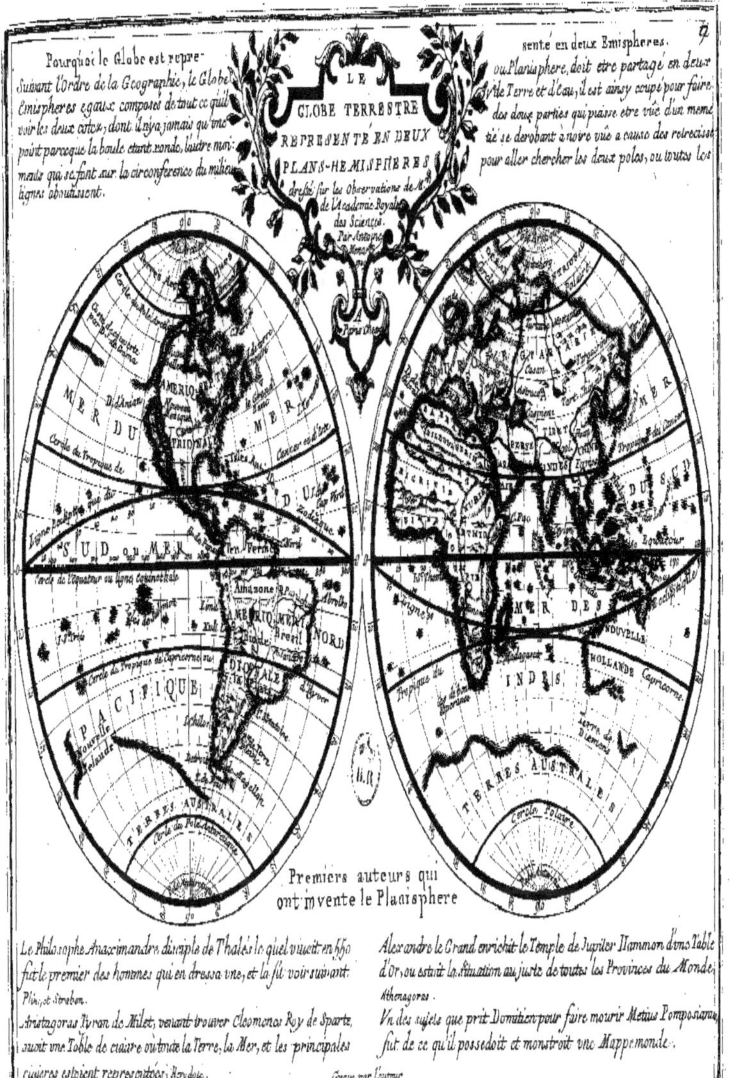

Pourquoi le Globe est repre-
Suivant l'Ordre de la Geographie, le Globe
Emispheres egaux composés de tout ce quil
voir les deux cotez, dont il n'y a jamais qu'une
point parceque la boule etant ronde, l'autre moi:
ments qui se font sur la circonference du milieu
lignes aboutissent.

senté en deux Emispheres.
ou Planisphere, doit etre partagé en deux
Terre et d'Eau, il est ainsy coupé pour faire
douze parties qui puisse etre vüe d'un meme
se derobant a notre vüe a cause des retrecisse:
pour aller chercher les deux poles, ou toutes les

LE
GLOBE TERRESTRE
REPRESENTÉ EN DEUX
PLANS-HEMISPHERES
dressé sur les Observations de M.
de l'Academie Royale
des Sciences.
Par Antoine
A
Paris Chez

MER DU NORD
MERIDIONAL
MER DU SUD OU MER PACIFIQUE
Nouvelle Zelande
AMERIQUE NORD
Bresil
D'Anian
Cercle de Tropique de Cancer
Cercle de l'Equateur ou ligne equinoctiale
Cercle du Tropique de Capricorne ou Diurnale
TERRES AUSTRALES
Cercle du Pole Antarctique

MER DU SUD OU MER PACIFIQUE
AFRIQUE
ASIE
TARTARIE
CHINE
INDES
MER DES INDES
NOUVELLE HOLLANDE
Terre de Diemen
TERRES AUSTRALES
Equateur
Tropique du Capricorne
Cercle Polaire

Premiers auteurs qui
ont inventé le Planisphere

Le Philosophe Anaximandre disciple de Thalès le quel vivoit en 550
fut le premier des hommes qui en dressa une, et la fit voir suivant.
Pline, et Strabon.
Aristagoras Tyran de Milet, venant trouver Cleomenes Roy de Sparte,
avoit une Table de cuivre ou toute la Terre, la Mer, et les principales
rivieres estoient representées, Hérodote.

Alexandre le Grand enrichit le Temple de Jupiter Hammon d'une Table
d'Or, ou estoit la Situation au juste de toutes les Provinces du Monde,
Athenagoras.
Vn des sujets que prit Domitien pour faire mourir Metius Pomposianus,
fut de ce qu'il possedoit et monstroit une Mappemonde.

Gravé par l'auteur

Pour avoir une parfaite connoissance du Globe terrestre il faut conoître les quatre parties qui le composent, avec une infinitez d'autres termes, dont les principaux font la suite de ce discours et c'est pour cet effet qu'on a inventé un double Hemisphere ou Mappemonde, qui nous represente les deux parties du Globe que l'on nomme Terraquée parce qu'il renferme la Terre, et les Eaux qui l'enviᵗ. On donne a l'Emisphere du costé d'Orient qui contient l'Europe, l'Asie et l'Afrique le nom de vieux Monde parce qu'il renferme ce qui a esté connu par tous les Anciens. Celuy du costé d'Occident ou l'on voit l'Amerique Meridionale et Septentrionale se nomme le Nouveau-Monde, parce qu'il n'y a qu'environ deux Siecles ou un peu plus qu'on la decouvert. On reduit ensuite ces deux Hemispheres en d'autres Tables, ou Cartes generales, et particulieres, comme Empires, Royaües, Estats Republiques Pays &c. Et sont celles qu'on voit par la suite de ce Volume.

Les Termes de la Geographie.

On appelle Continent, et Terre ferme les plus grandes et principales parties de la Terre comme l'Europe, l'Asie, l'Afrique, et l'Amerique. L'Isle est une moindre partie de la Terre que l'Eau environne de tous costez comme l'Angleterre, Malte et Candie. Peninsule ou Presqu'Isle est une langue de Terre environnee d'eau presque de tous costez, aiant seulement une estroitte partie qui la conioint a quelque Continent comme la Morée et Malaca. Isthme est cette portion de Terre estroitte qui attache la presqu'Isle à la Terre-ferme, comme l'Isthme de Corinthe, de Suez, et de Panama. Promontoire ou Cap est une Terre esleuée ou une Montagne qui s'avance en Mer, comme le Cap Verd, le Cap de bonne Esperance. Le Sein, ou Golfe est un bras de

Mer qui s'avance en Terre par un passage estroit, suivi d'une plus grande largeur, comme la Mer Mediterranée et la Mer Balthique. Le Destroit est un passage par lequel deux Mers se communiquent leurs Eaux comme le Destroit de Gibraltar, et le Pas de Calais. Le Lac est une Eau profonde, de moindre estenduë qu'une Mer, et qui a des sources qui ne tarissent point, comme le Lac des Illinois Parime et autres. On nomme Marais un autre amas d'eaux diverses plus suiettes à diminuer, comme cel qu'on nomme Palus, ou Marais Meotide quoy qu'il ne tarit ni ne se deseche jamais. Plage est un riuage de basse Mer. Rade est un lieu dans la Mer de bon abry, à cause de quelque Cap, ou de quelques hautes terres voisines. Coste ou riuage, c'est la partie du Continent voisine de la Mer, comme la coste de Normandie. Greve c'est le lieu que la Mer couvre et decouvre par son flux et reflux. Port ou Haure, c'est un lieu asseuré où se retirent les Vaisseaux quand ils abordent pour charger et decharger, et pour éviter les tempestes de la Mer. Bancs, Bases ou Sirtes, Ce sont de Sables amoncelez qui n'étant pas asses profonds dans l'Eau font perir les Vaisseaux. Canal, c'est une communication de 2 eaux, comme le Canal de Briare. Goufre, c'est une eau qui se perd dans la terre en tournoyant. Fleuve se dit proprement d'un cours d'eau qui conserve son nom jusq'à la Mer, et Riviere se dit d'un cours d'eau qui se perd. Mais aujourd'huy l'usage s'en sert indifferemment. Il n'y a qu'une Mer appellée d'un seul mot l'Ocean quoy qu'il soit distingué en plusieurs golfes et mers particulieres, et qu'il emprunte divers surnoms selon la diversité des regions et des costes qu'il arrose. Mais en le divisant en general on le peut distinguer selon les quatre parties du Monde, en Ocean Oriental, Occidental, Septentrional et Meridional que nous appellons Mer du Leuant, du Ponant, du Nort, et du Sud.

L'EUROPE
Dressée sur les
Observations de
Mrs. de l'Academie
Royale des
Sciences.
Par A. Menard
A Paris 1712.
OCEAN GLACIAL
NOUVELLE ZEMBLE.
C. du Nord
C. Horn
Cercle Polaire
Arctique
Groenlande ou Terre Verte
ISLANDE
SUEDE
SIBERIE
OCEAN
MOSCOVIE
Kalmuques Blanc
ATLANTIQUE
POLOGNE
SEVERIE
ALLEMAGNE
HONGRIE
TARTARIE
MER CASPIENNE
TIQUE
TURQUIE en EUROPE
MER NOIRE
GEORGIE
FRANCE
SERVIE
Constantinople
NATOLIE ou TURQUIE en ASIE
MADRID
Lisbonne
MEDITERRANÉE
Destroit de Gibraltar
BARBARIE
PARTIE D'AFRIQUE
TERRE SAINTE
Damas
Midy

DESCRIPTION

Après le Deluge universel qui arriua en 1656. l'Europe
echeut en partage a Japhet 3.e fils du Patriarche Noé, dont
elle a porté le nom, et depuis ses successeurs par une longue posterité l'ont gouuernée fort longtemps, comme il
apert par les Historiens. Horace dans son 3.e Liure. Ode
xp. dit que le nom d'Europa a eté donné par Europa
fille d'Agenor Roy de Phenicie, le quel nom est confiré
par les anciens Grecs. Et parce qu'elle est la plus
fameuse et plus celebre partie de tout le Monde, plusieurs Nations ont couru en foule pour tacher mais en
uain de luy donner chacun le sien. Strabon et quantité de Geographes donnent a l'Europe la forme d'un
Dragon. Quelques modernes la disposent comme une
femme assise avec la couronne en teste pour montrer
qu'elle a eu dans ses bornes les principales parties des
monarchies Grecques et Romaines: Mais Chrestien
Vrechel la represente en cette agreable peinture en fa-
veur de l'Empereur Charles V. dont il y a une douzaine
de vers Latins qui expriment assez naivement l'eloge
de cette agreable déesse.

L'Europe nostre bonne Mere et commune Patrie, a pour
bornes du côté du Midy la mer Mediterranée, au Couchant l'Ocean Atlantique, au Septentrion le mesme
Ocean appellé Hyperborée ou glacial. Elle est separée vers le Louant de l'Asie par une partie de la mer
Mediterranée, de l'Archipel, de la mer de Marmora,
la mer Noire, du Detroit de Dardanelles, des Bouches
de St Jean, et de mer de Zabaque, et enfin du Fleuue
Tanais, duquel il faut tirer une ligne jusqu'à l'autre
Fleuue Oby, et à l'Ocean Septentrional; et de cette maniere toute ce qui est au couchant du coté gauche est de l'Europe et tout ce qui est au Leuant sur la droitte est de l'Asie
Et comme cette p.e partie du Monde est la plus magnifique
et plus somptueuse de toutes les autres qui a eté si fort
comme par tous les Anciens, et plus encor aujourd'huy pa
les Modernes, je ne m'areteré pas dans toutes ces differen-

ABREGÉ de L'EUROPE

tes diuisions qui ont été plusieurs fois changées, augmen-
tées, diminuees par plusieurs changemens, reuolutions, et
alterations, je me contenteray de dire seulement que
les principaux R.mes et autres Estats qu'elle possede aujour-
d'huy sont, le Portugal, l'Espagne, la France, l'Allemagne
la Pologe, l'Angleterre, l'Ecosse, l'Irlande, la Norvege, la
Suede, le Dannemarck, la Boheme, la Hongrie avec les
estats qui endependent, la Grece, la Tartarie mineure,
l'Italie ou sont les R.es de Naples, et de Secile, plus l'Archiduché d'Austrique, et 3 grands Duchez scauoir
de Moscovie, de Lithuanie, et de Toscane, avec un
nombre presque innombrable d'autres D.es P.es C.es
et R.ques come Venise, la Hollande, Genes &.c.

Il faut scauoir que cette noble Dame fait un des 4
grands Continents de la Terre, que les Eaux de la
Mer environnent quasi de toute part, aussy a telle
pour rampart une si grande quantité d'Isles qu'il
seroit presque imposible de les nombrer. Les principales sont l'Islande, celles de la grande Bretagne,
Majorque, Minorque, Sicile, Sardaigne, Corse, Candie
Negrepont, avec toutes celles de l'Archipel nomée Ci-
clades Sporades que je passe sous silence.

L'Europe qui en tout temps a primé sur tout le reste
de l'univers tant par le fait des Armes, que por l'honneur de la Litterature s'est touiours par ces deux lo-
uables qualitez atiré l'admiration et l'étonement
de toutes les autres Nations de la Terre, et c'est pour
cela qu'ils viennent en foule recueillir des Palmes et
des Lauriers. Et pour comble de ses bien faits elle
nous donne toute sorte de choses pour la subsistance
et comodite de la vie, meme elle porte dans ses antrai-
ghes des Mines de toute sorte de Metaux, comme l'Or,
l'Argent, et en quelques endroits les pieres pretieuses:
Enfin il faut convenir qu'en si peu de lignes on ne peut
renfermer le Tableau d'une si illustre Déesse. Pour les
Villes de l'Europe je renvoie le lecteur au R.me et discours
suivans.

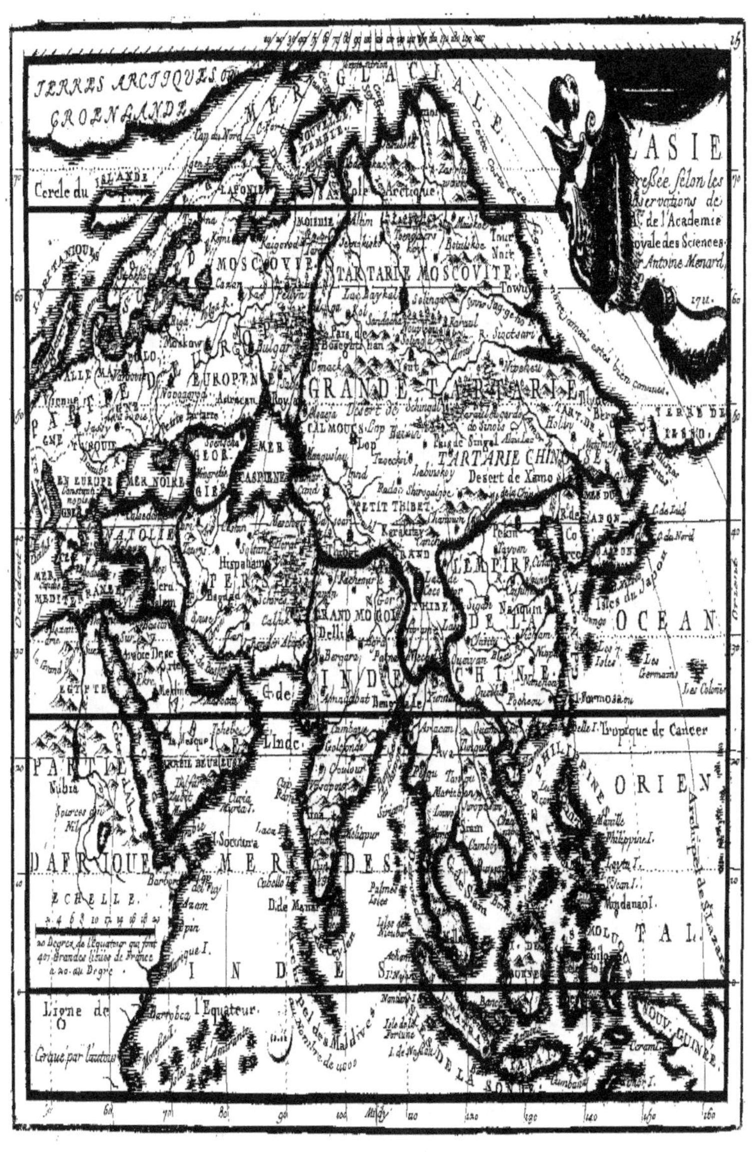

TERRES ARCTIQUES OU GROENLANDE
MER GLACIALE
L'ASIE
dressée selon les observations de l'Académie Royale des Sciences
Antoine Ménard
1711
Cercle du ...
ISLANDE
MER ATLANTIQUE
MOSCOVIE
TARTARIE MOSCOVITE
Lac Baykal
GRANDE TARTARIE
CALMOUCS
Lop
TARTARIE CHINOISE
Desert de Xamo
EUROPE
PARTIE DE L'EUROPE
MER NOIRE
MER CASPIENNE
ANATOLIE
MEDITERRANÉE
PERSE
Hispahan
PETIT THIBET
Pekin
L'EMPIRE
DE LA CHINE
GRAND MOGOL
Delli
THIBET
Nanquin
OCEAN
INDE
Formose
G. de
EGYPTE
PARTIE D'AFRIQUE
Nubia
Sources du Nil
L'Inde
Golconde
ARCHIPEL DE LAZARE
ORIEN TAL
Manille
Philippine I.
Leyta I.
Sean I.
Mindanao I.
MOLUQUES
MER DES INDES
Ceylan
ECHELLE
Tropique de Cancer
Ligne de l'Equateur
NOUV. GUINÉE
ISLE DE LA SONDE
Isles de Maldives
Tracée par l'auteur

DESCRIPTION

Apres avoir traité de l'Europe, l'ordre de la Geogra
phie m'oblige a passer le fleuve Oby, pour entrer
dans l'Asie, comme estant la 2ᵉ partie du vieux
Monde. l'Asie est la plus noble partie de la Terre,
qui a pris son nom de la Nimphe Asia fille d'Occea
nus ou de l'Oön et Theris femme de Japhet. d'autres
pretendent que trois Roys de Troye ayant reçeu
d'Asius fils de Maneus Lydien, le Palladium qui
estoit l'Image de Pallas, pour sureté de sa Ville, en
reconnoissance de ce bienfait donna le nom d'Asie
a son Pays, et que de la il s'est repandu en toute cette
grande partie, ainsy que nous l'apprenons par les
auteurs Grecs. Dans le partage qui se fit apres
le deluge universel, elle tomba à Sem, premier fils
du Patriarche Noé, apres la mort duquel elle est
restée encore long temps sous l'empire de ses descen
dans, mais aujourdhuy elle est gouvernée par une
infinité de Souverains. l'Asie est la partie du Monde la pᵗᵉ habitée, ou Dieu a créé et racheté l'homme,
ou l'on a veu fleurir les Empires des Assyriens, des
Perses, des Medes, des Parthes, des Babiloniens, et
plusieurs autres. Elle a envoyé des colonies d'hõ-
mes pour peupler toute la Terre, elle a enseigné
aux hommes le Culte et l'adoration du vray Dieu.
les Ceremonies saintes et les Sacrifices agreables
à la Divinité, elle a donné naissance aux Patriar:
ches, et aux Prophetes, enfin elle a eu l'avantage
de posseder JESUS-CHRIST pendant sa vie mor:
telle. l'Asie a pour borne du côté du Septentrion, la
mer de Tartarie, a l'Orient la mer de la Chine, au
Midy la mer des Indes, et d'Arabie, au Couchant,
la mer Rouge, l'Archipel, la mer de Marmora,
le Pont Euxin, le Limen et le Don.

ABREGÉ DE L'ASIE

Les Anciens l'ont divisée en Asie Majeure, et Mineure,
Cluvier la divisé en cinq principales parties, qui
sont la Tartarie, la Chine, l'Inde, avec les Isles,
qui y sont adjacentes, la Perse, et l'Empire du Turc.
Quelques Modernes l'ont divisée en deux parties
sçavoir en Terre-Ferme, et en Isles. La Terre-Ferme contient sept parties qui sont la Turquie
en Asie, la Georgie, l'Arabie, la Perse, l'Inde, la
Chine, et la grande Tartarie, les Isles sont Chy-
pre, et Rhodes, dans la mer Mediterranée, les
Maldives, Ceilan, et de la Sonde, dans l'Ocean vers
le Midy, Vers l'Orient se presentent celles du Japon, les Philippines, et les Moluques. Les villes
Capitales sont Ispaham en Perse, Nipehu en Tartarie, Pequin, et Nanquin, en la Chine, Agra, en l'Inde
du Mogol, Goa, Malacca, et Siam, dans la Presqu'
Isle de l'Inde, Iedo, et Meaco, dans le Japon. La
Turquie en a un grand nombre comme Alep,
Burse, Trebisonde, Antioche, Damas, Jerusalem,
Medine, la Mecque, Babylone, Mons, ou Ninive, &c.
Elle donne les Epiceries, le Baume, les Parfums,
la Myre, l'Encens, la Canelle, le Poivre, le Musc,
davantage en quelques contrées des Fromens,
de l'Orge, des Fruits, des Vins excellens, du Safran,
plus des Oranges, Citrons, des Dates, de la Casse,
du Miel, &c. On y trouve aussi des mines d'Or,
d'Argent, de Cuivre, de fer, de Cristal d'Aiman,
et sur tout des Pierreries, et les Perles.
Les principales Rivieres sont l'Euphrate, le
Tigre, ou le Paradis Terrestre que Dieu plaça
dans la Caldée, est a l'Orient de cette riviere,
l'Inde, le Gange, le Quiam, l'Oby, et le Tanais,
Toutes les Montagnes de l'Asie, sont comprises
sous le nom de Mᵗ Tauro.

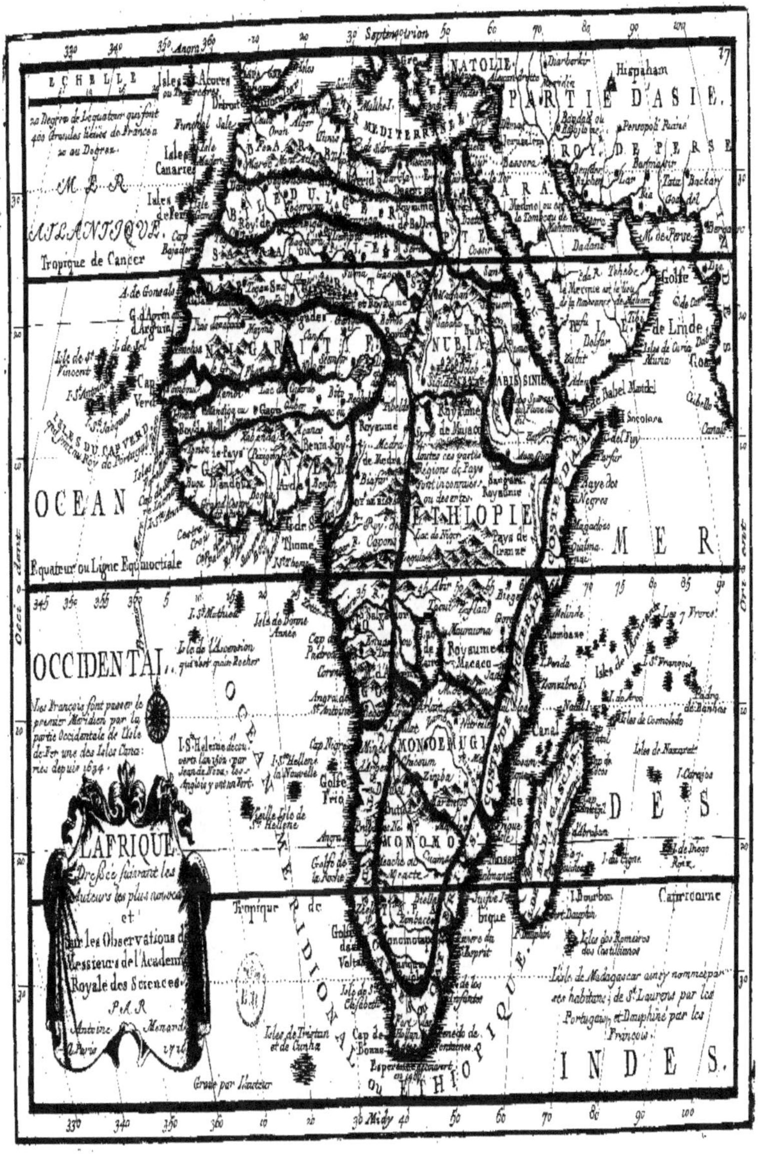

LAFRIQUE
Dressée suivant les
Auteurs les plus nouveaux
et
sur les Observations de
Messieurs de l'Academie
Royale des Sciences
PAR
Antoine Menard
A Paris 1716
PARTIE D'ASIE.
ROY. DE PERSE
NATOLIE
MER MEDITERRANÉE
OCEAN ATLANTIQUE
Tropique de Cancer
Isles du Cap Verd
OCEAN
OCCIDENTAL
Equateur ou Ligne Equinoctiale
NIGRITIE
NUBIA
ABISSINIE
ETHIOPIE
MER DES
MONOEMUGI
MONOMOTAPA
COTE DE CAFRERIE
Tropique de Capricorne
OCEAN MERIDIONAL ou ETHIOPIQUE
INDES.

L'Afrique, est la plus grande Peninsule en forme de cœur de toute la Terre, et jointe avec l'Asie par un Istme qui n'a que 15 ou 16 lieües de largeur, que les Ptolomées, et les Sultans ont voulu creuser mais en vain. C'est aussi la 3e partie du vieux Monde, qui a reçu son nom d'Afer Lybien, fils d'Hercules le Lybien, ou selon d'autres d'Afriqui Roy d'Arabie, lequel est sorty pour la venir habiter. D'autres pretendent que le nom d'Afrique luy a été donné par les latins, et Lybie par les Grecs. Festus dit que le nom d'Afrique est Grec et qu'il signifie sans frissons, voulant nous marquer les ardentes chaleurs où cette partie du Monde est exposée, entre les deux tropiques; Enfin les Ecrivains des choses saintes l'appellent Pais de Cham parceque dans le partage des enfans de Noé l'Afrique échüt à Cham. Les bornes qui l'environnent sont plusieurs Mers; comme la mer Rouge du côté du Soleil Levant, du côté du Midy la Mer Ethiopique, du côté du Soleil couchant la Mer Atlantique, et du côté du Septentrion elle est arrosée par la mer Mediterranée. Quelques-uns divisent l'Afrique en trois parties, sçavoir la Lybie, l'Ethiopie, et les Isles.

1. La Lybie est divisée en deux parties, sçavoir la Lybie Citerieure, et la Lybie Ulterieure ou Interieure. La premiere est connuë sous le nom de Barbarie qui contient les Royaumes de Fez, de Maroc, d'Alger, de Tunis, de Tripoly, de Barca, le Bile dulgerid, et l'Egypte. La 2e contient le Zara, la Nigriée, et la Guinée.

2. L'Ethiopie est divisée aussi en deux parties, sçavoir l'Ethiopie haute où sont l'Egypte, et l'Ethiopie basse ou exterieure. Je renferme dans la premiere la Nubie, l'Abyssine, et la Barbarie, ou Tanguebar. La deuxieme contient le Congo, la Cafrerie le Monoemugi, et le Monomotapa.

3. Les Isles dependantes de l'Afrique sont les Ma-

deres, les Açores, les Canaries, de Cap Verd, d'avantage les Isles de Fernand, du Port, du Prince, de St Thomas, de St Mathieu, d'Annebon, de Ste Helene ancienne et nouvelle, la grande Isle de Madagascar, de Monfia, de Zanzibar, de Pemba, et enfin de Zocotora, où l'on y trouve le meilleur Aloës que l'on porte en toutes les parties du Monde, elle appartient à un Prince particulier qui est peisible possesseur.

Les villes principales sont Fez, Maroc, Alger, Thunis, Tripoli, Barca, le grand Caire, Suez, Alexandrie, Damiette, Borno, Benin, Nubia, Melinde, Quiloa, Mombaze, Sale, Tanger, Ceuta, et une infinité d'autres. Le Cap de Bonne Esperance, et le Cap de Guardafu, sont les plus fameux Promontoires. Les montagnes de la Lune, et le mont Atlas sont les plus hautes et plus renommée de l'Afrique.

Le Nil avec sept Embouchures, le Niger avec six Embouchures, sont deux rivieres des plus grandes du Monde. Elle produit en quelques endroits comme en Barbarie et ailleurs, des Bleds, Vins, Huiles, Sucres, Figues, des Fruits rares par excellence, et autres choses necessaires à la vie, quoy que le Pays soit desert et montagneux en plusieurs endroits. Il s'y trouve aussy des mines d'Or, d'Argent, et de Sel en quelques endroits. Les Bêtes feroces et venimeuses y sont en grand nombre, comme des Lyons, des Tigres, des Pantheres, des Crocodiles, des Dragons, des Basilics, et autres serpens venimeux, dont on en a vû jusqu'à 110 pieds de longueur, des Chevaux, des Chameaux, des Elephans, des Rhynoceros, des Pardales, des Lmx, des Asnes sauvages, et des singes. On dit de l'Afrique que ses productions sont extraordinaires, soit en bien soit en mal; come nous en lisons les evenemens dans les Histoires.

Septentrion
MER DU
L'AMERIQUE SEPTENTRIONALE qui fait partie des Indes Occidentales.
ECHELLE.
TERRE ARCTIQUE
OU PAYS DE HUDSON
NOUV. BRETAGNE
TERRE DE LABRADOR
CANADA SEPTENTL
Esquimaux
Lac des Assiniboueis
MER DE CALIFORNIE
NOUVEAU MEXIQUE
ou NOUVELLE GRANADE
FLORIDE
NOUVELLE FRANCE
Quebec
MER
Bancs de la Magdelaine
Banc Jacquet
Les Isles Bermudes
DE CANADA.
LES ISLES DU NORD
G. DU MEXIQUE
Cercle ou ligne du Tropique de Cancer
GOLFE DU MEXIQUE
MER DU SUD ou Br. Mexique
Nouv. Espagne et du Vieux Mexique.
MER DU SUD.
AMERIQUE MERIDIONALE
TERRE FERME
PARIA
Occident
Orient
Midy

DE SCRIPTION ABRÈGÉ DE L'AMERIQUE SEPTENTRIONALE.

Apres avoir fait une recherche, le mieux qu'il m'a esté
possible, dans le rond ancien de la Terre, jay desiré
un temps favorable, pour tourner le cours de mon
Vaisseau devers l'Occident, pour aller chercher une
nouvelle Terre, et un nouveau Monde, inconnu par les
Siecles passez. Quoyque pourtant il y ait quelque de-
bat sur cette raison, et pour cet effet il faut voir les
escrits, de Platon, et de Diodore, et c'est celle que nous
appellons Amerique, partagée en Septentrionale,
et Meridionale, les quelles ces deux ensemble ne
font que la quatrième partie du Monde. Antoine
Zene noble venitien, a esté le premier qui trouva
ce nouveau Monde, c'est à dire l'Amerique en 1381.
ou il découvrit le pays d'Estotilande, ou terre De-
laborador, au nom du Roy de Finlande nommé
Zichmut. Puis Christophe Colombe Genevois, n'a-
yant découvert en 1492. que les Isles de son continent, l'Espagnole, Cuba, et la Jamaique, car apres
il eut un tres mauvais sucèz. Le troisième fût
Americ vespuce Florentin, le quel par le moyen
et assistance des Vaisseaux, Argent, et Equipage,
d'Emanuel Roy de Portugal, partit en 1489. du détroit
de Cadis, et avec un tres grand succèz il découvrit
cette grande Pres-qu'Isle de l'Amerique, dont il luy
donna son nom, depuis eux plusieurs ont fait des
voyages en ces contrées, comme Magellan, les Frã-
çois, les Anglois, Espagnols, et plusieurs autres, lesquels ayant decouverts diverses regions les ont
nommées de divers noms selon leur langage et Idiõc
Ses limites du costé du Septentrion, sont fort incer-
taines. L'on sçait seulement que le détroit de Hudson,
et la mer Christiane, la separe des Terres Arctiques,
la mer du Nord mouille les costes de l'Amerique, du
côté d'Orient, et du côté d'Occident de la mer du Sud, ou
Pacifique, Du coté du Midy, elle a l'autre Amerique Meridionale.

Les Geographes divisent l'Amerique Septentrionale en
cinq parties principales, sçavoir p.r la nouvelle Espagne
ou vieux Mexique, divisé en 3. principales Prefectures
ou Audiances, qui a pour Capitale la ville de Mexico, residence du Vice-Roy de cette Amerique, Panuco, Mechocan,
S.t Jago de Guatimala, et Guadalajara sont les meilleurs villes de ce pays. 2.e le nouveau Mexique ou la nouvelle Grenade, divisé en 8 provinces, Santa Fe de Granado est la
ville capitale, ou le Roy d'Espagne y a un Gouverneur.
3.e La Floride, nommée auparavant Jaquaza. Les François y ont en 1562. et 1564. bâti deux Forteresses mais
ils les ont abandonnees, dont la Caroline est la princi-
pale forteresse, ou les Anglois se sont postez depuis
l'an 1660. 4.e le Canada ou nouvelle France est divisé en deux parties principales, sçavoir en Meridionale, et Septentrionale, puis on la surdivise en plusieurs provinces qui sont Sagenay, Canada, Acadie, le
pays de Souviquois, le pays des Etechemins, la nouvelle Angleterre, le nouveau Yorck, la nouvelle Suede,
la Virginie, les Iroquois, les Angonquins, les Hurons,
et plusieurs autres Peuples. La ville Capitale est Quebec, ou les François y ont un Gouverneur, Trois rivieres
est aussy une autre ville considerable.
5.e Les Isles sont en nombre presque infiny, c'est pourquoy
je me contenteray de vous nommer les plus celebres, ne
pouvant pas m'etendre plus au long sur leurs matieres,
l'Isle de Terre neuve, les Antilles, Cuba, Espagniola, Jamai-
ca, Boriquen, les Caribes, la Grenade, S.te Lucie, S.t Vincent,
Antigoa, la Guadeloupe, la Martinique, S.t Christophe, S.te
Croix, la Barbade, la Dominique, S.t Martin, Tabago, les Luca-
yes, celles de Santo Fuento, et la Californie.
Les principales Rivieres, sont de S.t Laurent, Missisipi, du Nord.
Les Lacs les plus fameux sont le Superior, le Hurons, et le
Illinois. En general son terroir est plus abondant en prairie
qu'en Grains, et fruits. Et on y trouve des mines d'Or, et d'Argent.

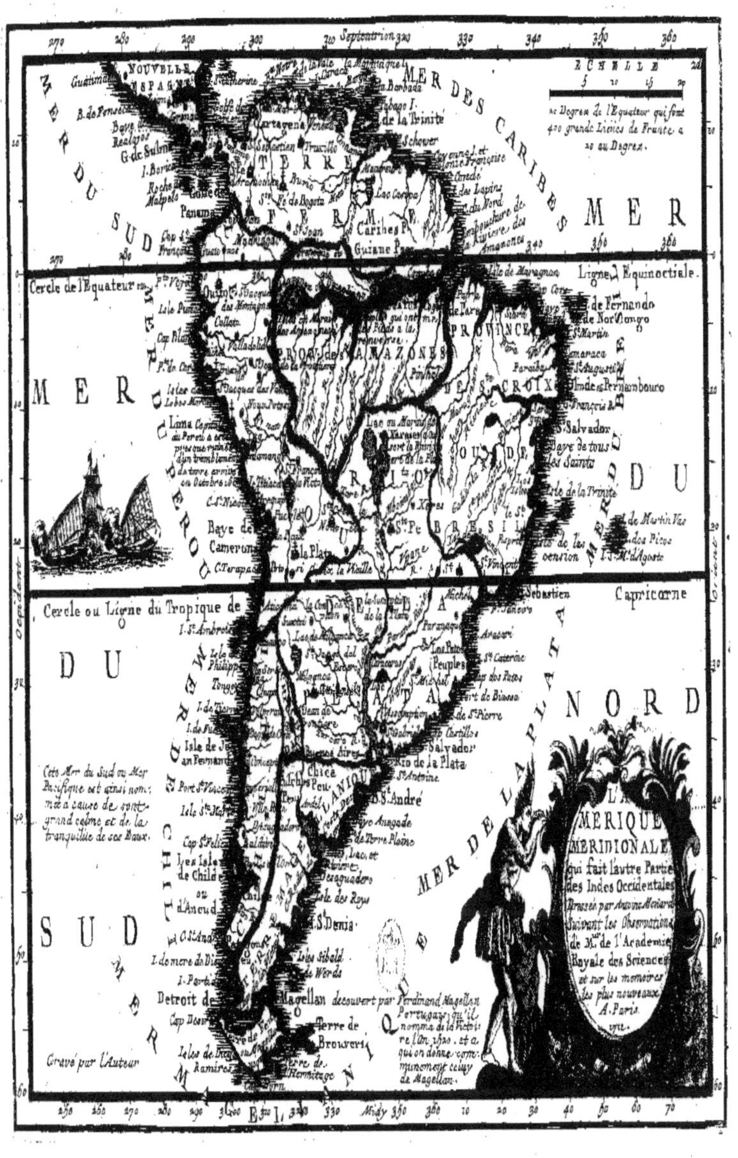
MER DES CARIBES
MER
MER DU SUD
NOUVELLE ESPAGNE
TERRE FERME
Guiane
Cercle de l'Equateur
Ligne Equinoctiale
ROY. DES AMAZONES
PROVINCE
MER DU PEROU
MER DU
PAYS DE LA CROIX
ROY. OU DE BRESIL
Lima Capitale du Perou
Cercle ou Ligne du Tropique de Capricorne
DU NORD
MER DE LA PLATA
DU
SUD
MER DU CHILI
MER PACIFIQUE
Detroit de Magellan decouvert par Ferdinand Magellan Portugais, qui il nomma de la Victoire, l'an 1520, et a qui on donne communement celuy de Magellan.
Gravé par l'Auteur
L'AMERIQUE
MERIDIONALE
qui fait l'autre Partie
des Indes Occidentales
Dressée par Antoine Moithey
Suivant les Observations
de M. de l'Academie
Royale des Sciences
et sur les memoires
les plus nouveaux.
A Paris.
1751

DESCRIPTION ABREGE', DE L'AMERIQUE MERIDIONALE.

L'Amerique Meridionale, aussi bien que la Septentri-onale, est ainsi nommée d'un certain Americ Vespuce Florentin, qui la découvrit, apres Christophe Colom=be, qui ne fut pas trop heureux dans son entreprise, comme nous avons dit dans la partie Septentrionale, Elle est aussy nommée Monde nouveau, a cause de sa grandeur, qui luy fait occuper l'un des deux grands Continents de la terre, et par ce qu'elle n'a esté con-nuë que depuis environ 1381. ou 1491. On l'appelle aussy les Indes Occidentales, pour la distinguer des Indes Orientales, ou Oost-Indes et grandes Indes, qui font partie d'Asie. Le nom d'Indes est commun a ces deux regions, soit qu'elles aient esté découver-tes en même temps, soit qu'en toutes les deux, les habitans aillent d'ordinaire tous nuds, soit que des unes, et des autres, on ameine des mar=chandises bien pretieuses, soit enfin que le Pilote qui connut l'Amerique avant Colombe, l'ait estimé continent avec l'Inde Orientale.

Elle est enclose de toutes parts du grand Ocean du coste de l'orient de l'Atlantique, qui se nomme vulgai-rement Mer del Nord, du côte du Midy de la Mer Magellanique, et du côte de l'Occident de la mer Pacifiq, Cette partie d'Amerique, est jointe à l'autre partie, par le moyen de l'Istme de Panama, suivant Cluvier à 20 lieües d'Allemagne de longueur. Elle à la figure tri-angulaire, et est divisée en sept parties principales, s'cavoir 1. la Terre ferme, qui a pour capitale S.te Fé de Bogota, Siege d'un Gouverneur, les autres villes sont Panama, Nombre de Dios, Carthagene, Porto Bello, Theneriff, Popayant, et Comana; 2. le Perou, reconnoit pour capitale Lima, puis Quito, Truxillo, Cusco, Gua-manja, la Paix, la Plata, et S.te Croix la nouvelle.

3. Le Chile, pays qui tient pour capitale S.t Jago, ou il y a un Gouverneur, la Conception, et Imperiale, a 4 lieües de la Mer, sont d'autres villes de cette Region.

4. La Terre Magellanique, et Terre de Feu, dont les 4 villes estoient S.t Philippe, et Nombre de Jesus, apre-sent ruinées, de sorte que c'est la retraite des Renards, des Lapins, des Chevres, des Autruches, et autres ani-maux, c'est dans ce pays ou il y a les Peuples appellez Patagons, qui portent 10. ou 12. pieds de haut.

5. Le Paraguay, qui tire son nom d'une riviere qui l'ar-rose, ou Rio de la Plata, du nom d'une autre plus con-siderable, la ville de l'Assomption est la Capitale, S.te Fé Buenos Ayres, sont d'autres villes de la dependance, fort belles et Riches.

6. Le Bresil, ou Province de S.te Croix, tient pour capitale Sait Salvador, residence du Vice-Roy de Portugal; Les autres Places sont Spiritu Santo, Olinde, Pariba, et Siara. Les Oyseaux, les Poissons, et autres animaux, sont d'une nature et forme extraordinaire dans ce pais même il produit du Sucre en quantité.

7. Le grand pays des Amazones, ou il fait une chaleur excessive, et ou il y à beaucoup de Prairies, et mines d'Or. Ces Peuples n'ont point de villes enfermées car il ne se trouve que quelques habitations stables, comme le village de l'Or, de Coropa, &c.

La Situation ou se trouve cette Amerique, la plus gran-de partie est dans la Zone Torride, et le reste dans la Zone Temperée meridionale, c'est pourquoy son terroir pro-duit de l'Or, de l'Argent, du Cuivre, et des carrieres de Jaspe. Il croit aussi du Froment, des fruits, du Vin, du Cotton, du Sucre, Paturage, Orange, Citron, et Limons.

Outre plusieurs Rivieres, celle des Amazones, et Rio de la Plata, sont à remarquer.

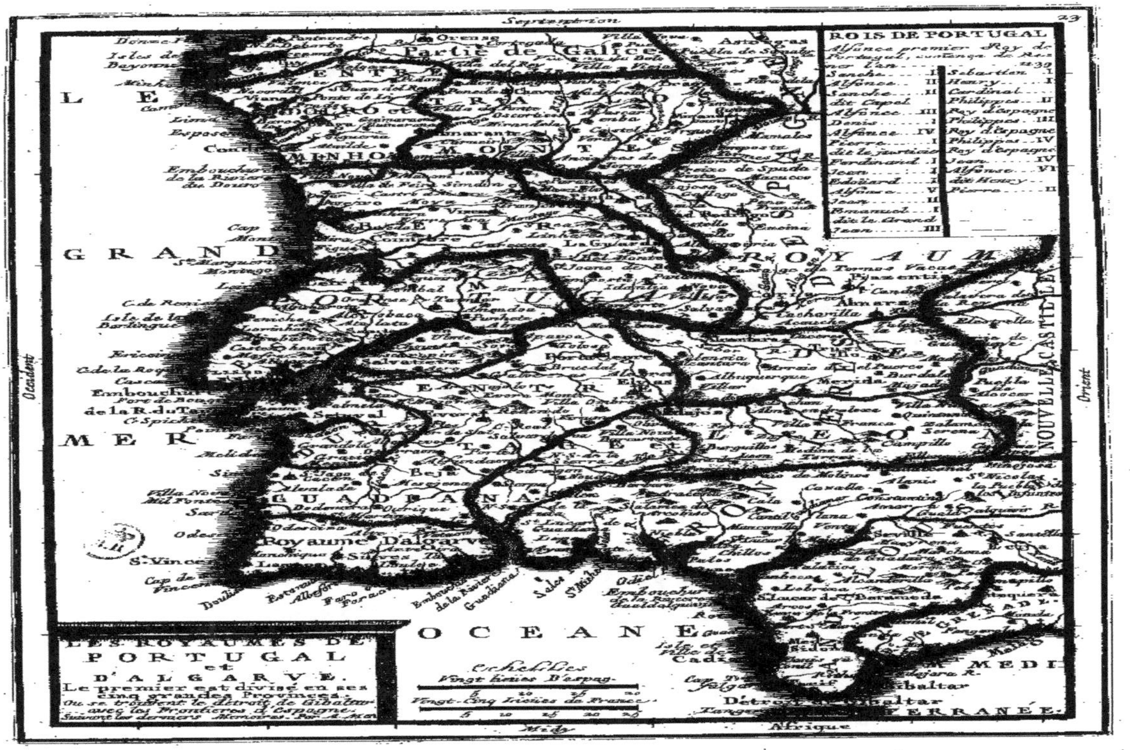

Septentrion
Occident
Orient
Midy
Afrique
ROIS DE PORTUGAL
Partie de Galice
LE
GRAND
MER
OCEANE
MEDITERRANÉE
NOUVELLE CASTILLE
ROYAUME DE LEON
ENTRE MINHO E DOURO
TRAS OS MONTES
BEYRA
ESTRAMADURE
ALENTEJO
GUADIANA
Royaume d'Algarve
GRENADE
S.t Vincent
Cap de Vincent
Détroit de Gibraltar
Tanger
LES ROYAUMES DE
PORTUGAL
et
D'ALGARVE.
Le premier est divisé en ses
cinq grandes Provinces.
Ou se trouvent le détroit de Gibraltar
avec les Frontieres d'Espagne
Suivant les derniers Memoires. Par A. Mr.
Echelles
Vingt lieües d'Espag.
Vingt-Cinq lieües de France.

A Commencer par l'occident à descrire en général les Royaumes de l'Europe, le premier qui se rencontre a nous c'est le Portugal. Ce Royaume fut autrefois appellé la Lusitanie, du nom d'un certain Lucius fils de Baccus qui y regna quelques années. Ce nom luy demeura jusques à la descente des Mores en Espagne. En ce temps la ce nom fut changé en celuy de Portugal, qui sembla bon a ces insuportables vainqueurs, d'imposer, et qu'ils prirent d'une certaine ville pour lors fort fameuse, nommée en langue du Pays Portucale, ou pour mieux dire son nom est tiré de la ville considerable de Porto et de Cale, d'une autre petite place voisine.

On divise ordinairement le Portugal en Six Provinces la premiere des quelles est entre Douro et Minho, ou sont les villes de Braga, proche la riviere de Cretones, et Porto à la bouche de la riviere de Douère. La 2me est Tralos-Montes ou est la ville de Bragance, Capitale d'un Duché de quarante mille ducats de revenu, ou il y à bie̅ cinquante petites Villes et d'autres Terres, qui font le Duc de Bragance trois fois Marquis, sept fois Comte, et plusieurs fois Seigneur; il y a aussi en ces quartiers les villes de Mirande, et de Chaves. La 3me est Beyra qui a pour Capitale Beyra, puis Conimbre université établie l'an 1290. par le Roy Denis, Ntarem sur le Tage, et la Guarda. La 4me sont l'Estremadura, differente de celle de Castille, qui tient pour Capitale Lisbonne aussi bien que de tout le Royaume, qui est peu eloignée de l'embouchure du Tage sa grandeur et ses richesses luy donnent rang entre les plus considerables du Monde, Leyra Setuval, Port celebre, dont la pêche et les Salins

sont de grand revenu, la 5me est Entre Tage et Guadiana, qui renferme les villes d'Evora, ou les Portugais gagnerent une Bataille sur les Espagnols l'an 1663. Elvas, Portalegre, et Beja, sont de tres bonnes places, la 6e et derniere est le Royaume d'Algarve qui a Faro pour capitale, Silves, et Tavira suivent apres.

Ce Royaume est long de cent vingt lieues, et large de cinquante, situe entre la mer Occidentale, la Galice, le Royaume de Leon, et l'Andalousie les quels sont partie de l'Espagne. Et pour son ancienneté il peut avoir environ cinq cens cinquante ans, car auparavant ce n'étoit qu'une Comte, et s'est retiré de l'obeissance du Roy d'Espagne l'an 1640. On pretend que l'origine des Roys de Portugal sort de la branche des Ducs de Bourgogne maison de France, et depuis Alphonse premier les Escrivains Portugais ont surnommé leur Roy de Conquerant, qui tient la place du Septième entre ceux de l'Europe. L'air du Pays est doux serain et temperé, quoiqu'il fasse bien chaud naturellement a cause de la disposition du Terrain, et c'est pour cela qu'il produit beaucoup de Vins, huyles, Oranges, Citrons, Amandes, et toutte autre sorte de Fruits tres excellens; Les Bles croissent aussi en abond.ce L'On trouve en ce Pays plusieurs mines d'Or, d'Argent, d'Alun, de marbre blanc, et du Jaspe; Enfin on peut dire que c'est un des meilleurs Royaumes de l'Europe.

Les Fleuves ou Ri.res plus considerables qui passent au travers du Royaume, sont le Tage, qui prend sa source en la montagne Orospeda dans la nouvelle Castille La Guadiana prend sa so.ce aussi en la N.C. et le Duero la prend dans la vieille Castille

Gravé par l'auteur.
MER OCEANE
Mʳ. DE BISCAYE
BISCAYE
ASTURIE
GALICE
LES
Oviedo
Leon
CASTILLE VIEILLE
NAVARRE
ARAGON
Mont Pyrenées
Pampelun
Saragoce
Barcelone
Tarragone
MALLORCA I.
MINORCA
Mallorca
Yvica
Cabrera I.
Valence
CASTILLE NOUVELLE
LISBONNE
Tage R.
ALGARVE
ANDALOUSIE
MURCIE
ROYAUME DE GRENADE
Seville
Cordoue
Cadis
Detroit de Gibraltar
dont la largeur est de plus de 3 lieues.
MER MEDITERRANÉE
PARTIE D'AFRIQUE
Echelles
Lieües communes d'Espagne.
Lieües communes de France.
Septentrion
Midy
C. de Cete
Perpignan
Gironne
L'ESPAGNE
nommée
Par les Anciens Grecs
IBERIA
ou
HESPERIA
Dressée sur les memoires
et Observations
de Messieurs
de l'Academie
Royale des Sciences
Par Antoine Menard
A Paris
1711

Le commencement de la Terre est l'Espagne, que Pompée, et Iustin disent, la denomination à esté prise du Roy appellé Hispanus. Mais Cluvier dit qu'elle à esté nomée de la ville Hispalis, qui se dit a present Seville, comme ayant esté autrefois la Capitale de tout ce pays. Les Grecs du commencement l'ont appellée Iberia, de la Riviere Iberus, ditte Ebro, et non pas des Peuples dits Iberi en l'Asie, les quels selon l'opinion de Verron, ont autres fois voyagé jusqu'en Espagne. Les mesmes Grecs l'ont appellée Hesperia, pour sa situation qui estoit à leur regard vers le Couchant du Soleil, qui est ordinairement suivy de l'Estoille de Venus, nommée par les Latins Vesper, ce qui est plus vray semblable, que le sentiment de ceux qui font venir, ce nom d'un certain Hesperus frere du Grand Atlas.

Strabon donne a l'Espage la figure d'une peau de Bœuf étenduë de long et de large, mais aujourd'huy elle est comparée a une peau de Lyon, pour paroistre plus redoutable a leur voisins.

Elle est Bornée du costé du Levant et du Midy par la Mer Mediterranée, le detroit de Gibraltar, et la grande Mer Atlantique du costé du Couchant, elle est bornée du mesme Ocean de la part du Septentrion, elle a pour ses frontieres l'Ocean Cantabrique, et les monts Pyrenées qui la separent de la France.

On a divisé l'Espagne en differentes manieres, premierement les Carthaginois ont été les premiers maistres et l'ont gardée jusqu'en l'année de N.S. 418. en ce temps les Romains en prirent une partie et la diviserent en Citerieure, et l'Vlterieure. Et depuis qu'ils l'urent entierement conquise, ils la partagerent en la Tarraconoise, la Betique, et la Lusitanique. Cette division continua aussy pendant le Regne des Goths, qui la garderent jusqu'en l'année 711. Apres ceux cy les Mores, et Sarrazins, la subjuguerent, et la

diviserent en plusieurs parcelles, et leur donnerent au moins a la plus part les titres de Royaumes. et c'est le partage qui est encore aujourd'huy observé par tous les Autheurs recents qui ont écrit de l'Espagne, car elle est divisée chez eux en seize Provinces ou Royaumes. Enfin les Chretiens firent la Guerre a ces Barbares l'espace de 900. ainsi ils s'en rendirent entierement les maitres et la gardent encor apresent.

A la tête de ce Royaume et du costé de l'Occident le pr. est le Portugal, du quel nous auons parlé cy devant, le 2e. est l'Estremadure, qui a pour capitale Badaios, le 3. est l'Andalouze, qui reconnoit pour capitale Seville, le 4. est le Re. de Grenade, dont la C est Grenade, le 5. est le Re. de Murcie, qui a pour C. Murcie, le 6. est le Royaume de Valence qui a pour C. Valence, le 7. est la Castille Vieille et Nouvelle, la pre. pour Capitale Burgos, et la 2me. Madrid sejour ordinaire des Roys d'Espagne et la considerable ville de Tolede, le 9. est le Re. de Galice dont la C. est St. Jacques de Compostelle, le 10. est le Re. de Leon, qui porte le nom de sa ville Capitale, le 11. est les Asturies qui a pour C. Oviede, le 12. est la Biscaye, la C est Bilbao, le 13. est le Re. d'Arragon, qui a pour C. Saragosse, le 14. est la Catalogne, qui reconoist pour Capitale Barcellone, le 15. est le Royaume de Navarre, Pampelune est la Capitale, enfin le 16. est le Pays de Guaposcoa qui a pour C. Tolosa.

Le Roy d'Espagne est le 2e. entre les Roys de l'Europe, celuy qui est aujourd'huy sur le Thrône est Philippe V. de France, de la Royalle Maison de Bourbon, et jouit du titre pompeux de Catholique, suivant ses predecesseurs, ne souffrant dans son Royaume aucune Secte que la Catolique. Les principales Rivieres sont le Tage, l'Ebre, le Douro, la Guadiane, et le Guadalquivir. Son terroir est desert raboteux, et montagneux en plusieurs endroits, neantmoins il produit toutes sortes de choses necessaires a la vie.

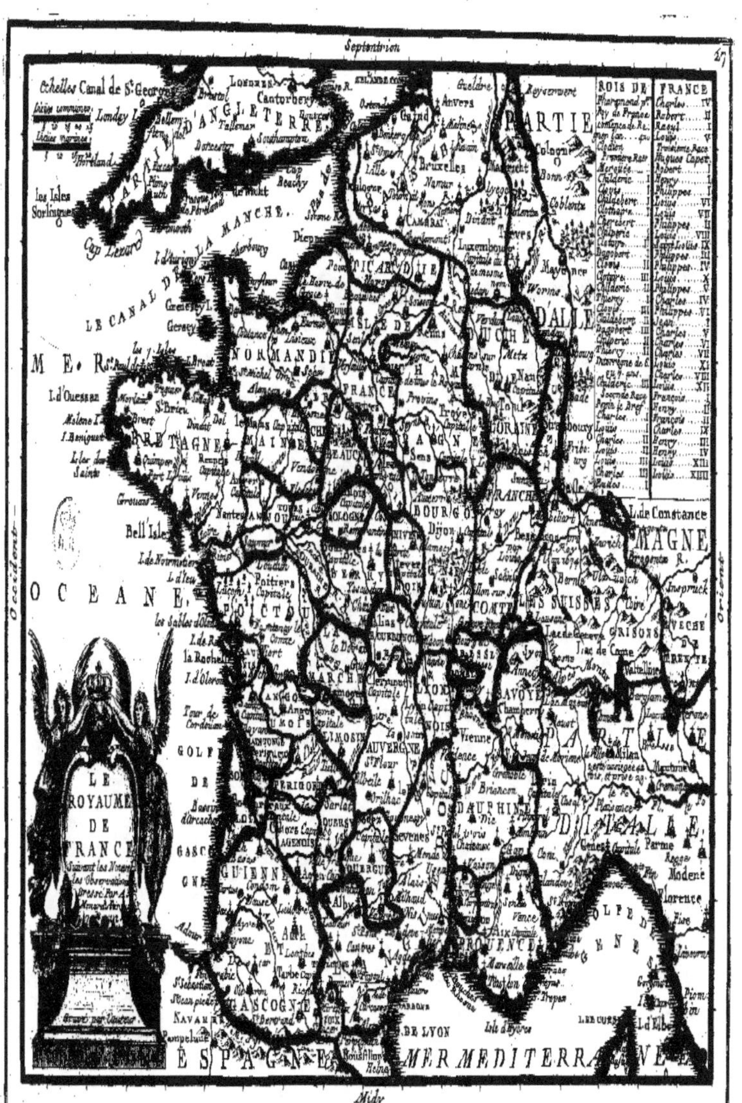

Septentrion
ROIS DE FRANCE
LE ROYAUME DE FRANCE
OCEANE
MER MEDITERRANEE
ESPAGNE
Midy

LE ROYAUME

Il est certain que tous les Auteurs nous apprennent que la Monarchie Françoise commença lors que Faramond fut reconnu premier Roy de France, a la teste d'une puissante Armée, l'an de J.C. 418. ou 420. Alors ce Monarque se trouvant favorisé de la Fortune et secondé des grandes Victoires de la Frise et Westphalie, Païs situé entre l'Elbe, l'Ocean et le Rhin, ou il s'arresta et affermit sa royauté naissante par de bonnes Loix en commençant a jetter les fondements de cet Empire ou il mourut en 427. ou 428. apres 7. ou 8. ans de regne. Ensuite les François pour lors peuples D'allemagne descendirent en Gaules ou Faramond ne püt jamais s'establir) a la quelle ils donnerent le nom de France a mesure qu'ils s'en rendirent les maitres, Clodion, surnommé le Chevelu 2.e Roy de France en fut le premier conquerant et prit tout le païs d'entre l'Escaut et la Somme, et vint jusqu'a Paris; mais Aëtius General de l'armée Romaine le defit en Artois, et l'ayant chassé de touttes les Gaules, avec les François Ils n'y rentrerent que sous le Regne de Merouée 3.e Roy de France, que Aëtius même fut obligé de rappeller pour l'opposer au redoutable Attila Roy des Huns, qui fut defait par les forces principalement de l'armée Françoise. Il mit ensuite sous son obeïssance Orleans, Paris, Sens, et les pays voisins qui des lors prirent le nom de France. Ainsy il faut conclure que les François ne s'étendoient point dans cette region de Pays dans l'etablissement de leur Monarchie Mais par la suite des temps ce puissant Royaume s'est agrandi comme on le voit a present tant par la force des Armes, que par succession ou autrement, de sorte qu'il est devenu un des plus puissants de l'Europe. La France, a l'Espagne, et la mer Mediterranée vers le Midy, vers le Couchant, la Mer Occeane, vers le Septentrion, l'Angleterre, la Manche entre deux, et les Pays Bas, la Loraine, la Franche comté, les Suisses, la Savoie, et l'Italie vers le Levant.

DE FRANCE

Il y a plusieurs divisions pour ce Royaume, sçavoir pour l'Eglise, pour la Noblesse, pour la Justice, pour les Finances, et pour la Geografie. Celles de la Geografie les plus suivies sont par Provinces, par Generalitez, et par 12 grands Gouvernemens, dont il y en a 4 vers le Septentrion, qui sont la Picardie, la Normandie, l'Isle de France, et la Champagne. 4 dans le Milieu, sçavoir la Bretagne, l'Orleanois, la Bourgogne et le Lyonois, et 4 du costé du Midy, qui sont la Guyenne, le Languedoc, le Dauphiné, et enfin la Provence. Les Villes plus celebres et Capitales de la France sont Paris, Capitale de tout le Royaume, la merveille du Monde, et le sejour ordinaire des Rois, Elle fut nommée par Cesar Lutetia Parisiorum. la Picardie a pour ville Capitale Amiens, la Normandie Roüen, la Champagne Troyes, la Bretagne Rennes, l'Orleanois Orleans, la Bourgogne Dijon, le Lyonnois Lyon, la Guienne Bourdeaux, le Languedoc Toulouse, le Dauphiné Gronoble, et la Provence Aix. Les autres Villes sont en sy grand nombre que l'on en compte prés de 800. fermées des Murailles parmy les quelles on y compte 20. Vniversitez où l'on instruit la Ieunesse aux Sciences et aux belles Lettres. Le Roy de France et de Navarre, est le p.er entre ceux de l'Europe, et joüit depuis fort long-temps des glorieux titres de l'Ils ainé de l'Eglise et de Roy tres-chretien, celuy qui est aujourd'huy sur le Trône est Loüis XIV. surnomé le Grand protecteur des Rois et de l'innocence, restaurateur de la Religion et deffenseur de la Foy. Dans ce R.me il s'y trouve en plusieurs endroits des Mines de Fer, de Plomb de Cuivre, et d'autres Mineraux. Comme aussy des carrieres de Iaspe. Son terroir produit des Bleds, des Vins, des Fruits, des Huiles, du Sel, du Chanvre, des Paturages. Animaux des toutes especes &c: Les plus considerables Rivieres sont, la Seyne, la Loire la Garonne et le Rhone.

LES XVII PROVINCES DES PAYS-BAS
MER D'ALLEMAGNE
PAS DE CALAIS OU MER DE CALAIS
Orient
Occident

LES XVII. PROVINCES

Le nom commun qu'on donne aujourd'huy a la Belgique, est les XVII. Provinces des Païs-Bas; ce nom est venu de l'assiette du Païs, vers les basses parties du Rhin, et XVII. Provinces à cause d'autant de Seigneuries, particulieres qu'y ont eté autrefois. Puis le nom de basse Allemagne, leur a eté donné avec plus de fondement. Les Allemans appellent toutes ces Provinces du nom de Nederlanden, c'est à dire Païs-Bas inferieur, Germania Basse Allemagne; Mais les François, Italiens, et Espagnols, se servent plus volontiers du nom de Flandre.

Elles sont divisées aujourd'huy en 4 Duchez, 7 Côtez, cinq Seigneuries, et un Marquisat du St Empire, partie situé au deça du Rhin, et partie au de la.

Toutes ces Provinces considerées ensemble, ont la France et la Lorraine vers le Midy, l'Allemagne vers le Levant, la mer Germanique au Septent. et au Couchant.

Les 4 Duchez sont 1.

Le Brabant qui est un Duché au milieu des Païs-Bas, entre le Hainaut, le Cté de Namur, la Flandre, la Zelande, et la Gueldre. On le partage en 4 quartiers, qui ont 4 Villes Capitales, Sçavoir Bruxelles, Louvain, Breda, et Bolduc.

2. Le Duché de Limbourg, est placé entre le duché de Juliers, et le Liegois, Limbourg est la ville capit. puis Rolduc et Dalem, demantelé par les François en 1674.

3. Entre le Hainaut, la Champagne, la Lorraine, les pays de Treves, et de Liege, se trouve le duché de Luxembg qui a pour capitale Luxembourg, pris par les François en 1684. Thionville, et Boüillon sont d'aut. pl. de ce Duché.

4. La Gueldre, porte le nom de Duché, et de leur ville Capitale, situé entre la Meuse, et le Rhin, on y voit aussi les villes de Ruremonde, Venloo, Arnhem, Nimegue, Boniel, et Schenck. le Roy prit cette derniere place en deux jours.

Les Sept Comtez

1. La Hollande est une Cté des plus Splendides, et des plus Ri-

DES PAYS-BAS.

ches, et c'est une grande presqu'Isle entre l'Ocean, la Zelande, les Seig. d'Utrech, et de Gueldres, Amsterdam est la ville Capit. puis Dort, Harlem, Delft, Leyden, Roterdam, la Haye, Texel, Horn, et plusieurs autres.

2. La Zelande, est un Comté, composé de 8 Isles, entre la Hollande, le Brabant, l'Ocean, et la Flandre, Middelbourg, passe pour Capitale, Flessingue, Zurickzee, et Goes, sont les autres villes. 3. Zutphen, Comté qui porte le nom de sa ville Capitale, et est un des quartiers de l'anciené Gueldre entre Issel, Cleves, et Munster. Les autres villes sont Grol, et Lochen. 4. La Flandre, est un Comté, qui fait partie des Pays-Bas, envelope de la Zelande, du Brabant, de l'Hainaut, de l'Artois, et de la mer d'Allemagne. Gand, est la ville Capitale, Lille, Tournay, Dunquerque, Ypres, Ostende, et l'Ecluse, sont de grandes villes d'importāce 5. L'Artois, Comté entre la Picardie, le Hainaut, et la Flandre. Arras, ville Capitale, St Omer, Aire, et plusieurs autres, sont de la dependance.

6. Je place entre la Picardie, l'Artois, et la Flandre, le Comté d'Hainaut qui a pour Capit. Mons, puis Valenciennes, et Condé, suivent apres. 7. Namur, est la ville Capitale du Comté de mesme nom, situé entre le Liegeois, le Hainaut, et le Brabant, il s'y trouve aussi les villes de Charle-Roy, et de Dinant.

Les cinq Seigneuries.

Elles composent une partie de la Republique d'Hollande, hormis celle de Malines, qui a pō. Capit. Malines, mé-me elle n'en a point d'autres dans sa dependance. La 2e est Utrech, qui a pour capitale Utrech. la 3e est nommée Trans-isalana ou Over-Issel, les villes sont Deventer, Oldenzel, et Coevorden, la 4e la Frize, qui a pour capitale Leuvarden, et la 5e est Groningue, qui a pour capitale Groningue.

Le Marquisat du St Empire, consiste en la ville d'Anvers, tres-recommendable pour ses richesses.

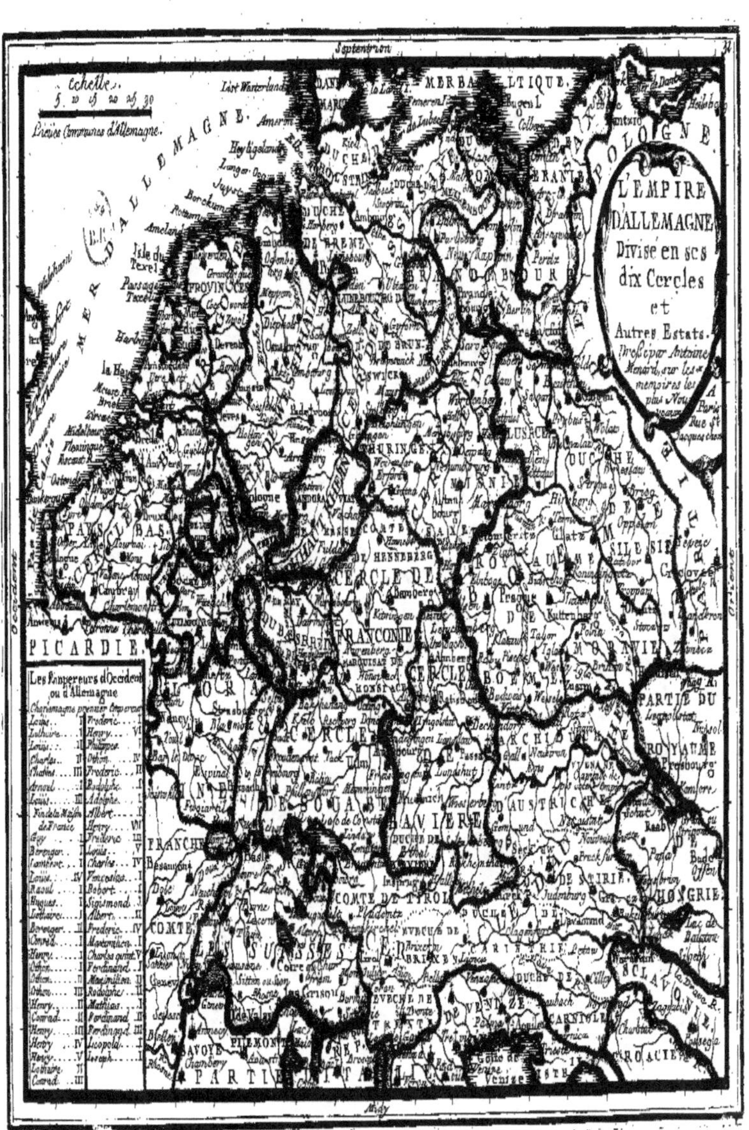

Septentrion
Echelle.
5 10 15 20 25 30
Lieües Communes d'Allemagne.
MER BALTIQUE.
POLOGNE.
L'EMPIRE D'ALLEMAGNE Divisé en ses dix Cercles et Autres Estats.
Dressé par Antoine Menard, sur les memoires les plus Nouveaux.
A Paris Rue St Jacques
MER D'ALLEMAGNE
PAYS BAS
PICARDIE
THURINGE
LUSACE
DUCHÉ DE SILESIE
ROYAUME
FRANCONIE
CERCLE DE BOHEME
MORAVIE
PARTIE DU ROYAUME
CERCLE DE SOUABE
BAVIERE
ARCHIDUCHÉ D'AUTRICHE
HONGRIE
FRANCHE COMTÉ
COMTÉ DE TYROL
DUCHÉ DE STIRIE
LES SUISSES
CARINTHIE
DUCHÉ DE VENISE
CARNIOLE
SCLAVONIE
SAVOYE PIEMONT
PARTIE D'ITALIE
CROACIE
Midy
Occident
Orient
Les Empereurs d'Occident ou d'Allemagne
Charlemagne premier Empereur

Il y a un grand combat entre les Auteurs d'où le nom de Germanie procede, Cæsar, Tacite, et Dion, nous apprennent qu'il a été donné par les Gaulois, et premierement a cinq divers peuples et nations qui estoient entré dans les Gaules. D'autres pretendent que le nom d'Allemagne est venu des Allemans anciens Peuples qui demeuroient entre le Danube, le Rhin, et le Mein, ainsi que nous l'aprenons par quelques Historiens Allemans et autres.

Les bornes d'Allemagne sont jointes d'un côté à la mer Baltique, et à l'Holsace, au Dannemarck comme aussi à la mer Germanique, vers le Septentrion, aux Païs-Bas, et à la Lorraine, vers le Couchant, à la Suisse, et à l'Italie, vers le Midy, et enfin vers le Levant, la Hongrie, et la Pologne. Puis pour son plus grand avantage elle est situee au beau milieu de l'Europe. Les uns la divisent en deux parties, dont la premiere est nommées superieure, et la deuxième inferieure, lesquelles sont separées par la riviere du Mein. Le peu d'étendüe de cette feüille ne permet pas d'en faire le dénombrement plus au long.

Les autres la divisent en 3 parties, considerant dans la premiere les Provinces situées aux environs du Rhein, dans la seconde celles qui sont vers le Danube, et dans la 3e celles qui sont voisines de l'Elbe, et de l'Oder.

On la divise encore en dix Cercles, qui sont 3 corps pour resoudre aux Dietes toutes les affaires. Le premier est celuy des Sept Electeurs, establ par le Pape Gregoire V ou X du nom en 1003 et confirmé par l'Empereur Charle IV ou par l'Empereur Othon III du nom. Il y en a 3 Ecclesiastiques et 4 Seculiers. les 3 premiers sont les Archevesques de Mayence, de Cologne, et de Treves. Les 4 Seculiers sont le Roy de Boheme, le Duc de Bavi-

ere, le Duc de Saxe, le Marquis de Brandebourg * et le Duc d'Hannover, créez en 1692. Le second corps est de tous les autres Princes, soit Seculiers, soit Ecclesiastiques, dont il y en a un tres-grand nombre en Allemagne. Et le 3e corps est celuy des Villes Franches, dont l'on en compte jusques à quatre-vingt quatre. La Chambre Imperiale, qui est comme le Parlement Sedentaire de l'Empire est à Spire. Les Villes sont en un tres grand nombre des plus riches, et des plus magnifiques de l'Europe. Celles qui emportent le prix sont premierement la fameuse ville de Vienne Capitale de l'Austriche, et de toute l'Allemagne, sejour ordinaire de l'Empereur d'Occident, elle a soutenu glorieusement 2 Sieges de la puissance de Solyman, et de Mahemet IV. Université fondée en 1257. puis Strasbourg, Francfort, Nuremberg, Ausbourg, Vlm, Prague, Cologne, Erfort, Leipsic, Lubec, Hambourg, Munic, Breslau, Heidelberg, Inspruck, Tirol, Munster, Cassel, Dresde, Berlin, Stetin, enfin Wismar, et Mekelbourg, sont touttes des Villes tres considerables et Capitales, comprises dans les 10 Cercles. Les principales Rivieres sont le Rhin, le Danube, le Mein, le Necker, l'Elbe, le Sprée, l'Oder, le Vase, et l'Ems.

Le Terroir produit toutes sortes de choses, les Bleds, les Paturages, le Sel, les Fruits, les vins, qui sont excellents il se trouve des mines d'Argent, de Fer, de Cuivre, et de Plomb, en un mot c'est un Empire complet.

* En 1648. par la Paix de Munster on créa un 8me Electeur qui est le Prince Palatin. ❋ fait aujourd'huy le 9e Electeur, et qui sont tous de grands Princes

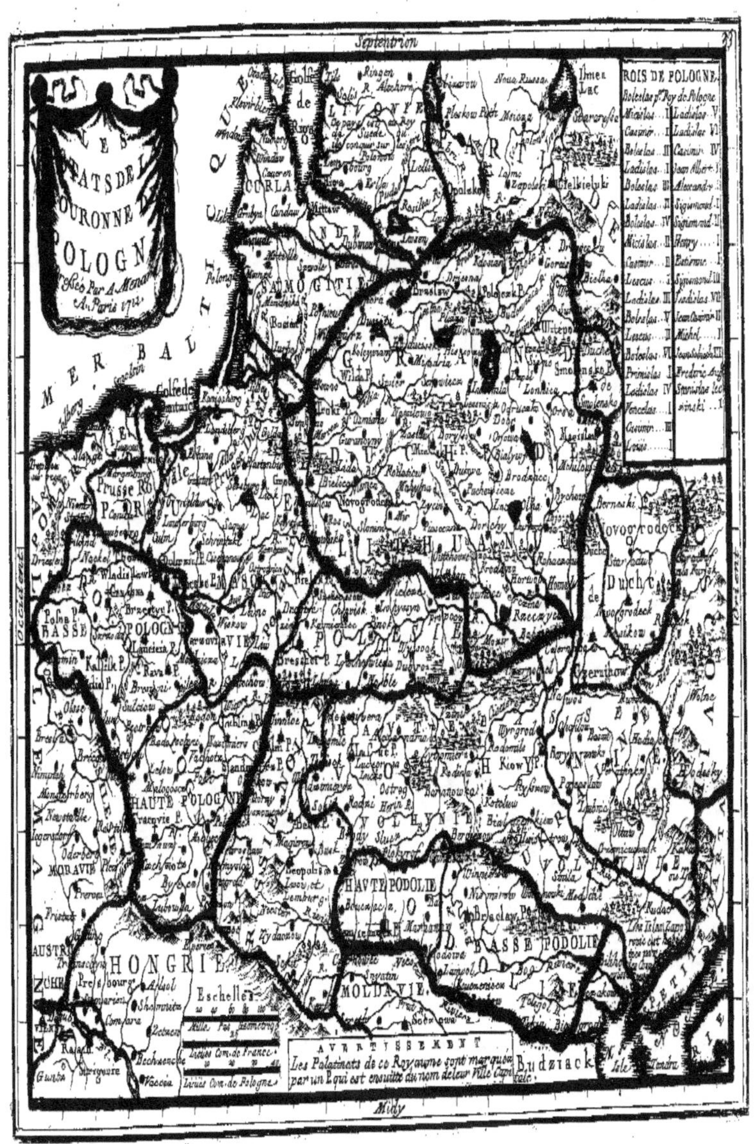

Septentrion
LES ESTATS DE LA COURONNE DE POLOGNE
Dreßé Par A. Menard A Paris 1712.
MER BALTIQUE
Occidental
Orientale
ROIS DE POLOGNE
Boleslas pr. Roy de Pologne
Micislas . . . I   Ladislas . V
Casimir . . . I   Ladislas VI
Boleslas . . II   Casimir IV
Ladislas . . I   Jean Albert I
Boleslas . III   Alexandre
Ladislas . II   Sigismond I
Boleslas . IV   Sigismond II
Micislas . II   Henry . . . I
Casimir . II   Estienne . I
Lescus . . I   Sigismond III
Ladislas III   Ladislas VII
Boleslas V   Jean Casimir II
Lescus II   Michel . . . I
Boleslas VI   Jean Sobieski III
Primislas I   Frederic Aug.
Ladislas IV   Stanislas lec
Venceslas I   sinski . . I
Casimir III
Lescus I
CURLANDE
LIVONIE
SAMOGITIE
GRANDE POLOGNE
LITHUANIE
PRUSSE ROYALE
PRUSSE DUCALE
BASSE POLOGNE
HAUTE POLOGNE
PETITE POLOGNE
VOLHYNIE
VOLHYNIE
HAUTE PODOLIE
BASSE PODOLIE
MOLDAVIE
HONGRIE
MORAVIE
AUTRICHE
Duché de Novogrodec
Koenigsberg
Dantzick
Varsovie
Cracovie P.
Lemberg
Budziack
Septentrion
Midy
AVERTISSEMENT
Les Palatinats de ce Royaume sont marquéz
par un P. qui est ensuitte du nom de leur Ville Capitale.
Eschelle
Lieues Com. de France
Lieues Com. de Pologne

Les Historiens sont d'un commun accord que la Pologne à tirée son nom du mot Pôle, qui en Esclavon signifie campagne, ou lieu propre a la Chasse; parceque ce grand pays ne consiste qu'en Campagnes tres vastes et tres propres pour la Chasse et parce qu'on y rencontre fort peu de Montagnes. Ce grand Royaume qui est la Sarmatie Europeenne des Anciens, considerée avec la Lituanie qui en estoit autre fois separée mais reünie a cete Couronne sous le Regne de Ladislas IV. dit Jagelon, en 1386. La Pologne n'est Royaume que depuis l'an 999. que Boleslas I. de ce nom, obtint de l'Empereur Othon le Titre et la Couronne de Roy selon les Auteurs Polonois, mais cella est contesté par Baronius qui pretend que les Polonois demanderent depuis cette Couronne au Pape du temps de l'Empereur Henry.

Les limites et bornes de ce Royaume sont du costé du Nord en partie des Estats de la Suede sur la Mer Suevique, et en partie de ceux de la Moscovie, qui luy sont encore a l'Orient, avec le Borysthene, et la petite Tartarie. Le mont Carpathe la separe au Midy de la Hongrie Transylvanie et Moldavie. Et elle a le Brandebourg, la Silesie et la Pomeranie a l'Occident. Et a legard de sa Division elle est en grande, qui est la basse et en petite qui est la haute et c'est qui regarde la vraie Pologne, car autrement elle est divisée en 14 Provinces suivant les Titres, que prend le Roy. Sçavoir le Royaume de Pologne, le grand Duché de Lituanie, la Russie Noire, la Prusse, la Mazovie, la Samogitie, la Livonie, qui est quasi toutte au Roy de Suede, la Volhinie, la Kiovie, la Podolie, la Polaquie, Smolensko, Severie et Czerniecow. Mesme dans l'etendüe de touttes ces Provinces elle comprend trente quatre Palatinats ou Gouvernemens.

Les Villes plus remarquables de ce Royaume sont

Genesne si renommée par la puissance de son Archeveché et antiquité, Posnan, Kaliss et Wladislaw, sont dans la basse Pologne. Cracovie sejour ordinaire des Roys et ou se fait leur couronnement, Lublin, et Sandomir, est dans la haute Pologne. Wilne, Trocko, Novogrod, et Polocko, dans le Duché de Lithuanie. Leopole, Halitz, Przemysl, Belsko, et Chelm tous dans la Russie. Dantzig, Marienbourg, Thorn, patrie de Copernic, Elbing, Konigsberg ou mont roïal, Pilau, Memel se trouvent dans la Prusse. Warsovie capitale de tout le Royaume et autre residence du Roy, et Plocko, de la Masovie. Rosienie, et Medniky dans la Samogitie. Lusuc, et Kremieniec, de la Volhinie. Kiovie, et Braclaw, dans le Palatinat de Kiovie. Enfin Kaminieck dans la Podolie et plusieurs autres qui font hommage a cette Couronne.

Le Roy de Pologne tient le rang du 4.me entre les plus puissants de l'Europe, et a qui l'on à donné le titre de deffenseur de la Religion Chretienne comme étant obligé de faire tête incessamment aux Turcs, et Tartares. Et quoy que ce grand Roy soit puissant neantmoins il ne peut rien faire sans le consentement de la Noblesse, qui est en si grand nombre que l'on y compte plus de 8000 Nobles qui ont tous voix deliberative dans le Kolo qui veut dire Assemblée. D'avantage il ont une si grand puissance entre eux qu'ils s'attribuent le droit de vie et de mort sur leurs Vassaux, et il s'emparent de tous leurs biens mesme durant leur vie, de sorte que les pauvres Peuples ne sont pas plus heureux que l'etoient les Esclaves des anciens Romains. Ainsi leur gouvernement est un Etat mêlé de Monarchie, d'Aristocratie et de Democratie. Le terroir du pays est si excellent qu'il est impossible de concevoir la quantité de Grains qui se transportent dans les P.ts etrangers. Ce ne sont que plaines a perte de veüe accompagnées de mille petits Bois, ce qui fait une grande beauté dans le Pays. la Vistule, le Dunic, le Nieper, le Niester, et le Bog
Sont les Rivieres plus remarquable

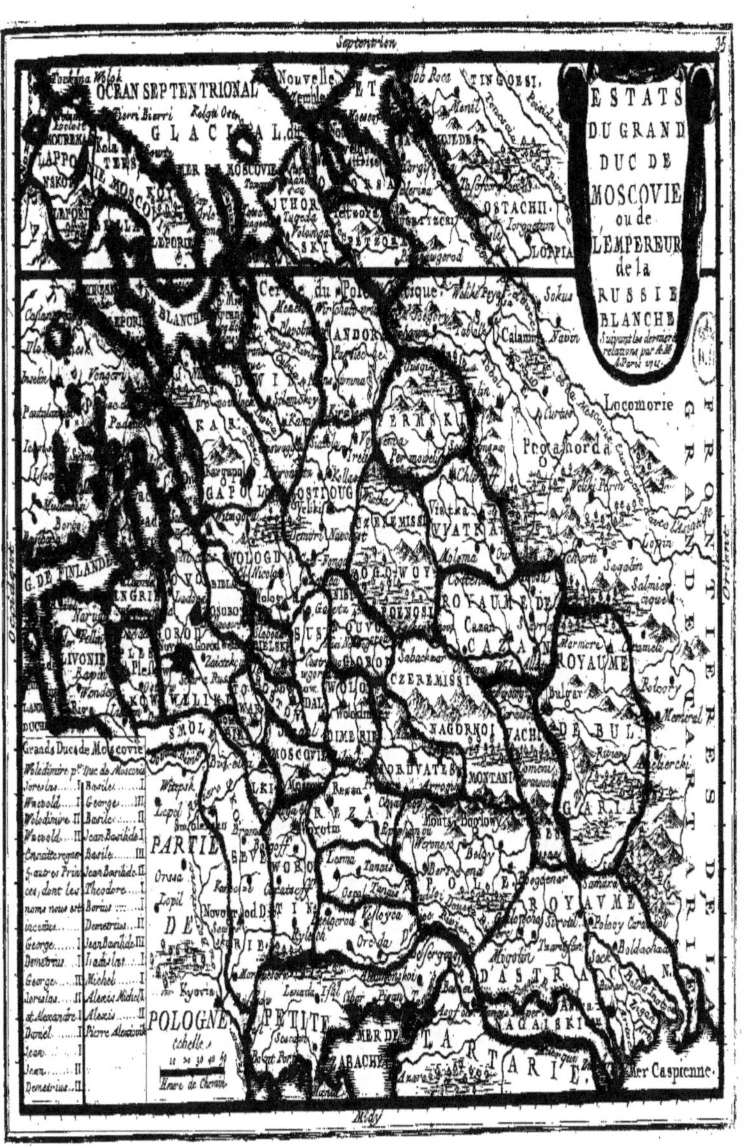
Septentrion
OCEAN SEPTENTRIONAL
GLACIAL
LAPPONIE MOSCOVITE
Nouvelle Zemble
TINGOESI
OSTACHII
LOPPIA
Cercle du Pont Arctique
Locomorie
ESTATS
DU GRAND
DUC DE
MOSCOVIE
ou de
L'EMPEREUR
de la
RUSSIE
BLANCHE
Suivant les dernieres
relations par A.M.
A Paris 1714
Pegashorda
RUSSIE BLANCHE
DWINA
VYATKA
ERMSKI
G. DE FINLANDE
WOLOGDA
BOGOWOY
ROYAUME DE
CAZAN
LIVONIE
SUSDAL
CZEREMISSI
ROYAUME DE BUL GARIE
SMOLENSKO
MOSCOVIE
WLODIMIRIE
NAGORNOI
MORDVATES
MONTANI
Grands Ducs de Moscovie
Woledimire pr Duc de Moscovie
Joroslaus I
Wsewold I
Woledimire II
Wsewold III
Entreregne
5 autres Prin
ces, dont les
noms nous sont
inconnus
George I
Demetrius II
George III
Jaroslaus II
et Alexandre ..
Daniel
Jean I
Jean II
Demetrius ... II
Basiles I
George III
Basiles II
Jean Basilide I
Basile III
Jean Basilide II
Theodore
Borius
Demetrius II
Jean Basilide II
Ladislas I
Michel
Alexis Michel.
Alexis II
Pierre Alexiovik.
PARTIE
REZAN
WOROTIN
POLOGNE
PETITE
TARTARIE
POLE
ROYAUME
D'ASTRACAN
NAGAISKI
MER DE ZABACHE
TARTARIE
Mer Caspienne.
FRONTIERES DE LA GRANDE TARTARIE
Orient
Occident
Echelle
10 20 30 40 50
Lieues de Chemin.
Midy

La derniere contrée et region de l'Europe, est la Russie-blanche ou Majeure la plus estendue et vaste de toutes les autres. C'est aussy vne partie de l'ancienne Sarmatie appellée Russie, du nom des Anciens Roxolans, ou pour mieux dire suivant l'origine et establissement de cet Empire le nom de Russie à esté donné par un certain Esclavon nommé Ruff, qui l'an 1500 vint dans ce Pays avec des Soldats et jetta les fondemens de cet Etat qu'il appella Russie de son nom. Et Blanche a cause des Neiges qui couvrent les campagnes les deux tiers de l'année, D'autres pretendent que la coëffure des Peuples qui est blanche a donné occasion à ce nom. Et grande à cause de la vaste etenduë de pays qu'elle contient. Il faut remarquer aussy qu'il y à la Russie Noire qui appartient au Roy de Pologne.

Cet Etat s'etend au Septentrion jusqu'à la Mer Glaciale, vers l'Orient, il a le Fleuve d'Oby et le Tanaïs qui le separent de la Grande Tartarie, et au Midy le Petit Tanaïs, les Rivieres de Desna, de Psola, avec la Petite Tartarie, au Couchant le Borystene, le Nerva et les terres de Pologne de Suede de Norvege. Sa plus grande Division est en quatre partié principales qui sont la Moscovie Occidentale, la Moscovie Orientale la Tartarie Moscovite, qui est de l'Asie et la Lapponie Moscovitique. Puis elle est subdivisé en quatorze autres parties qui portent le nom les unes de Royaumes, les autres de Principautez, les troisiémes de Duchez et les quatriemes de Provinces. Qui pour le plus souvent tirent leur nom de leurs Villes Capitales ensy qu'on le trouve dans notre Carte qui est divisée en cette sorte.

Le Grand Duc de Moscovie prend dans ses tiltres celui d'Empereur de toute la Russie ou Roxolanie, et le nom de Knez ou Czar que ses Peuples lui donnent

et qu'on croit estre celuy de Cesar corrompu. Il a pour sa garde vingt-cinq mille Hommes qui à este establie par Basilides lors qu'il voulut exercer sa tyrannie l'an 1565. Il mourut le 28 Mars 1584.

La Moscovie est un Pays marecageux rempli de Forêts, d'Etangs, de Lacs dont quelques vns ont jusqu'à cinquante-cinq Lieües de longueur, et de Rivieres. Neantmoins son Terroir produit en plusieurs endroits du Froment qui meurit en six semaines a cause de la grande chaleur qu'il fait en Esté, du Seigle, du Paniz de tres bons Melons, et touttes sortes de Legumes qui ne viennent jamais à une perfaite maturité à cause de l'intemperature de l'Air. Il ne s'y trouve point de Vignes, Olives, ny Fruits a cause de la rigueur de l'Hyuer, mais une grande quantité de tres bon Lin, et de tres bon Chanvre excellent.

La Ville Capitale de tout cete Empire est Moskou, Siege d'un Patriarchat de la Religion des Grecs, et residence ordinaire du Czar, la grande Eglise est tres belle, et il y a une Tour dans laquelle il y a une Cloche qui pese cinquante-deux milles Livres. Cette grande Ville a 41500. Maisons, elle fut brulée et destruite par les Tartares en l'année 1571 le jour de l'Ascension de N. S. Le Tresor ou l'epargne publique de cet Empire est dans le Lac blanc, ou il y a un Fort imprenable.

Les autres Villes plus considerables sont, Bielha, St. Michel Archangel ou il y a douze mille Ponts et autant des Tours, et est un tres bon Port de Mer, Rescou Plescow Novogorode la grande, et Lodomir, toutes dans la Moscovie Occidentale. Condora, Petzegra, Ostiaugi, Permshi, Viatka, Geremissi, Novogrod la Basse, Ostioug, et Perma, en Moscovie Orientale. Astracan et Casan de la Tatarie Moscovitique. Kola, Novogrodek et Czernickow, dans la Lapponie Moscovitique. Les principalles Rivieres sont, l'Oby, le Don, le Donez, et la Volga.

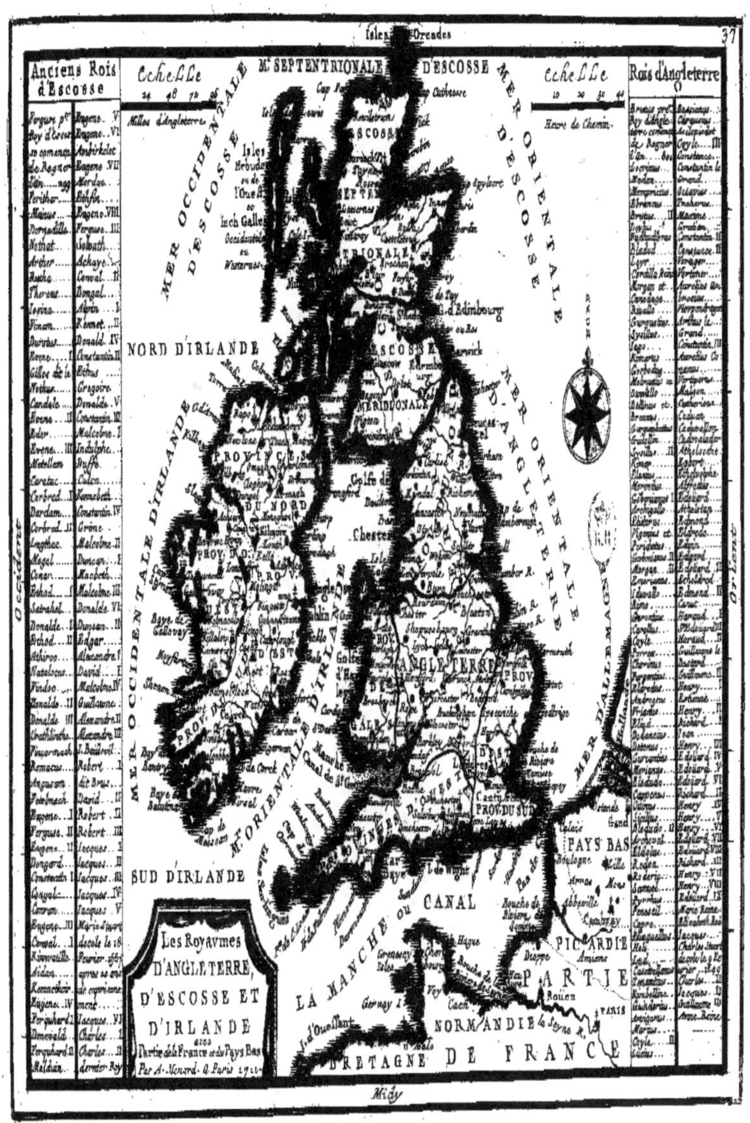
Isles Orcades
Anciens Rois d'Escosse
Rois d'Angleterre
Echelle
Milles d'Angleterre
Heure de Chemin
M.r SEPTENTRIONALE D'ESCOSSE
MER OCCIDENTALE D'ESCOSSE
MER ORIENTALE D'ESCOSSE
NORD D'IRLANDE
MER OCCIDENTALE D'IRLANDE
PROVINCES DU NORD
PROV. D. O.
ESCOSSE MERIDIONALE
Edimbourg
Chester
ANGLETERRE
MER ORIENTALE D'ANGLETERRE
MER D'ALLEMAGNE
Occidente
Orient
M.r ORIENTALE D'IRLANDE
SUD D'IRLANDE
PROV. DU SUD
PAYS BAS
PICARDIE
PARTIE
LA MANCHE ou CANAL
NORMANDIE
BRETAGNE DE FRANCE
Midy
Les Royavmes D'ANGLETERRE, D'ESCOSSE ET D'IRLANDE avec Partie de la France et des Pays Bas Par A. Menard. A Paris 1711

LES R.^mes D'ANGLETERRE

Au dela des rivages de la Gaule Belgique, et à l'opposite des embouchures du Rhein dans l'Ocean, il y a un nombre presque innombrable de diverses Islès, que les anciens ont toutes appellées d'un nom general les Isles Britanniques; la plus grande et plus considerable de toutes ces Isles avoient nom Albion et Ibernia, et c'est la mesme qui compose aujourd'huy les deux Royaumes d'Angleterre et d'Escosse sous le nom de la grand Bretagne.

Cluvier fameux geographe dit qu'on ne sçait bonnement d'où cette Isle et cette nation ont pris leur nom de Bretagne. Mais suivant l'Histoire d'Angleterre elle a pris le nom de Bretagne sous le Regne de Brutus ou Brito son premier Roy l'an du Monde 2828. Et quant a celui d'Albion il luy a esté donné a cause des Rochers blancs qui se trouvent le long de ses costes, enfin celuy d'Angleterre lui a esté donné par les Anglois qui auparavant ont demeuré en Allemagne. Toutes ces Isles Britaniques sont au Septemtrion de la France, au Couchant des Pays-bas de Danemarck et de la Norwege, plus elles sont touttes entourées de Mers de toutes parts.

Anglia ou Angleterre.

Toute l'Angleterre cy-devant a esté divisée en 2 parties, la Cambrie ou Vvales et Galles et la Locrie, qui fasoit le reste de l'Angleterre. Quelques uns disent mesme que elle a esté autrefois divisée en sept Roiaumes, trois Anglois et quatre Saxons. Mais a present elle l'est en 6 Provinces, qui contiennent cinquante et deux ou trois autant Comtez que Provinces. La Ville capitale est Londres, sejour ordinaire des Roys batie par son pre. Roy qu'il nomma Troye la neufue parce que il etoit Troyen de Nation, puis Cantorbery, Bristol, Yorck, Oxford et Cambrige se sont des Villes considerables

DES COSSE et D'IRLANDE.

Scotia olim Caledonia et Albania.

Le Royaume d'Escosse, qui est la petite Bretagne, suivant Tacite et Corneille, s'appelloit autres fois Caledonia et par quelque autre Albanie, puis il a pris celui d'Escosse par les Scots peuples anciens qui firent de rudes Guerres aux Romains, particulierement sous les Empereurs Adrien, et Severe. Jacques VI. Roy d'Escosse qui a esté aussy d'Angleterre en 1603. d'où ces deux Royaumes ont esté reunis en un seul. Il est divisé en 2 parties sçavoir en Escosse Meridionale et en Escosse Septentrionale et on y compte 24 Provinces. Edembourg est la Ville capitale autre fois le sejour des Roys, Glasco, St André et Aberdon qui est un bon port de Mer, sont d'autres Villes. Ces 2 Royaumes d'Angleterre et d'Escosse sont separez par les Rivieres de Tuede et Soluce et par les vestiges d'une Muraille, que les Romains y ont fait bastir, qu'on nomme l'Ancien Mur d'Adrien dit le Mur Pem...

Ierna Iverna Hibernia.

Irlande est une Isle et Royaume a l'Occident de l'Angleterre, que les Latins appellent ordinairement Hibernia et quelques uns Iuerna, ou Ierna, mais celuy d'Irlande et tiré ou d'Hiberus capitaine Espagnol qui la peupla, ou de l'Hyver qui y est fort rude. Elle est divisée en 4 parties qui font 4 grandes Provinces qui renferme en elles 33 Duchez ou Comtez. Dublin est la Ville capitale et residence du Viceroy d'Angleterre, les autres Places sont Vaterfort, Galway, Londonderry, Limeric &c.

Les plus considerables de petites Isles autour d'Angleterre sont les Orcades, les Schetland les Hebrides ou Ebudes, les Sorlingues, l'Isle de Vight, de Man, enfin celles de Iarsay et Garnsey. Le Roy d'Angleterre prend le titre de Serenissime, il porteroit aussi celuy de defenseur de la Foy, que le Pape Leon X. auoit declaré Henry VIII. s'il n'auoit point abandoné l'eglise Romaine, et c'est le troisieme entre ceux de l'Europe

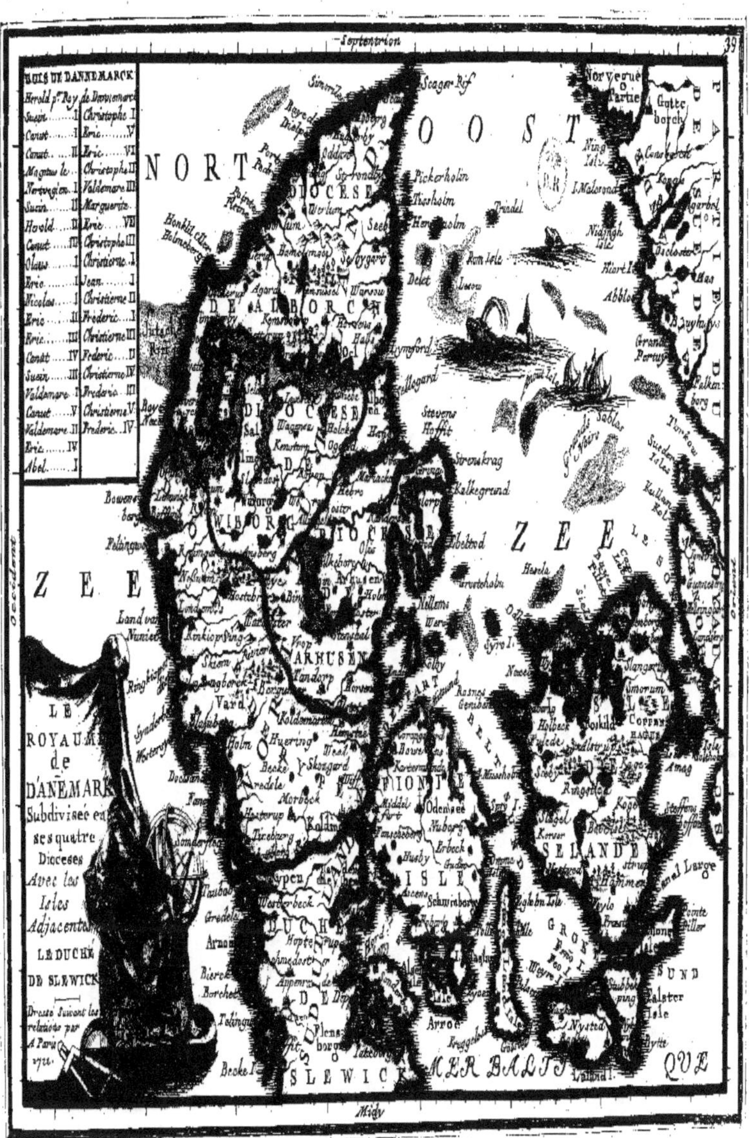

Septentrion
ROIS DE DANNEMARCK
Herold pr Roy de Dannemarck
Suein .... I | Christophe I
Canut .... I | Eric V
Canut .... II | Eric VI
Magnus le | Christophe II
Norwegien. I | Valdemare III
Suein .... II | Marguerite
Hovold .... III | Eric VII
Canut .... III | Christophe III
Olaus .... I | Christierne I
Eric .... I | Jean I
Nicolas .... I | Christierne II
Eric .... II | Frederic I
Eric .... III | Christierne III
Canut .... IV | Federic II
Suein .... III | Christierne IV
Valdemare I | Frederic III
Canut .... V | Christierne V
Valdemare II | Frederic IV
Eric IV
Abel I
NORT
OOST
ZEE
DIOCESE DE ALBORCH
DIOCESE DE WIBORG
DIOCESE
ARHUSEN
FIONIE ISLE
SELANDE
Occident
ZEE
LE ROYAUME de D'ANEMARK
Subdivisée en ses quatre Dioceses
Avec les Isles Adjacentes
LE DUCHÉ DE SLEWICK
Dressé suivant les relations par
A Paris
DUCHÉ DE SLEWICK
Norvegue Partie
Gottenborch
MER BALTIQUE
SLEWICK
Midy
39

LE ROYAUME DE DANNEMARCK

Le Dannemarck a pris son nom des Dannois, ou Codanoïc, qui furent aussi nommez Theutons, ou pour mieux dire d'un certain Dan l'un des succes=seurs de Noé, qui vint regner plusieurs années bien avant la Nativité de N. Seigneur, et même avant que Rome fut bâtie, ainsy il paroît que ce Royaume est tres-ancien. Il est devenu hereditaire depuis l'an 1660, à l'occasion de la guerre que le Roy de Danne=marck soutint contre les Suedois dans l'Isle d'Amack ou les deux Roys combatirent en personne.

Et quant à ses limites il regarde l'Allemagne vers le Midy, la mer Baltique et la Suede vers le Levant, la mer Oceane vers le Septentrion, et le Couchant. Ce Royaume est composé d'une grande Peninsule qui est jointe au continent d'Allemagne, et c'est le Pays de Jutland, autrefois appellé par les Romains Cimbri-ca Chersonesus, vel Cimbrorum Peninsula et les plu-sieurs Isles qui sont à l'Orient, même quelques-unes du côté d'Occident, le Roy de Danemarck est encore Souverain de la Norvege, de la Groenlande, des Isles d'Islande, et de Fero, du nouveau Dannemarck, dans l'Amerique, et de quelques places dans la Guinée.

On divise la peninsule de Jutland en Sud-Jutland, et en Nord-Jutland, le Nord-Jutland contient 4. dioceses places vers le Septentrion qui sont Ripen, Arhus en Al-borck, et Wiborg; dans le Sud Jutland qui est vers le Midy, il s'y trouve le Duché de Sleuvick, ou les Evêchez de Sleuvick, et Holstein. Tout le Royaume est subdivisé en 148. Gouvernemens qui en langage du pays se nom-ment Hoerets. Les Isles qui sont au milieu des Pays de Jutland, et de Scouen vers l'Orient, sont en si grand nombre tant grandes que petites, qu'elles ont fait donner à la mer où elles sont, le nom de l'Hel-les pont de Dannemarck. Entre toutes ces Isles la premiere en dignité se nomme Selande, dite anci-ennement Codanonia, qui surpasse toutes les autres, en grandeur et fertilité, mesme elle est la plus agrea-ble de Dannemarck; la deuxième se nomme l'Isle de Fionie située entre le Jutlande et la Selande, pleine de Forets, Campagnes, et étangs; on y compte huit villes, et trois maisons Royales. Les autres sont Langeland, Lialand, Falster, Arsen, Bortholm, Feue-ren, Emhout, Lesto, Arroë, Wendano, Heselo, et enfin la petite Isle de Vven, celebre pour les observations Celestes de Tycho-Brahé, en son château app. Vranienborg. Le Roy de Dannemarck et ses peuples professent la Religion Lutherienne, et est le cinquième entre ceux d'Europe, surnommé le Riche, il l'est en effet car l'Argent seulement que ce Monarque retire de la pêche des Poissons, se monte à des sommes immenses.

Entre toutes les villes de ce Royaume, Coppenhague est la Capitale, Sejour ordinaire des Roys, et ou il y a un tres bel Arcenal, ou l'on garde un Globe Celes-te de Six pieds de Diametre, construit par Tycho-Brahé, elle est située dans l'Isle de Selande.

Les autres sont Ripen avec un bon port et une forte Citadelle, Arhus en Port de mer, Alborck ville qui a tiré son nom du grand nombre des Anguilles, Wiborch, eves-ché ou l'on compte 3 villes fortes et u8. Paroisses, ceux cy sont situez dans le Nord-Jutland, Ruis Sleuic, autrefois He-deba, Haderslében ou naquit Federic III. Roy de Danemarc, Flensbourg, Port de mer a été le Berceau de Christien V. Roy de Danemarck, elles sont dans le Sud Jutland; Outre ces vil-les il y en a encore plusieurs autres dans ce Royaume et dans les Isles come Nez, Bergen, Arensbourg, Sunderberg, &c. La fertilité de son terroir luy donne abondance de toutes les choses necessaires à la vie. Il se trouve aussi quelques mines d'Or, d'Argent, de Cuivre, et de Plomb.

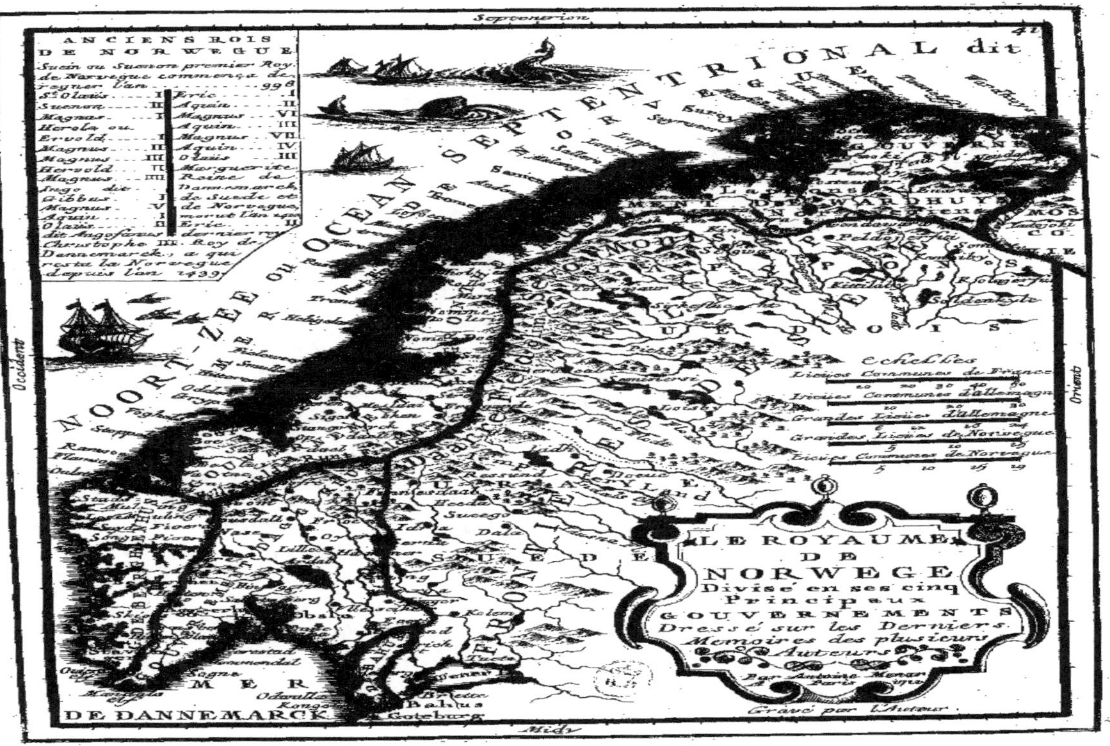

LE ROYAUME DE NORWEGE
Divisé en ses cinq Principaux GOUVERNEMENTS
Dressé sur les Derniers Memoires des plusieurs Auteurs
Par Antoine Moran A Paris
Gravé par l'Auteur
ANCIENS ROIS DE NORWEGUE
SEPTENTRIONAL dit
OCEAN SEPTENTRIONAL
NOORT-ZEE ou OCEAN
Echelles
MER DE DANNEMARCK
Septentrion
Occident
Orient
Midy

DU ROYAUME

La Norvege a pris son nom d'un mot Alleman, qui signifie voye Septemtrionale, et fut autrefois un Royaume florissant, que les habittans du Pays lappellent Norrige, et par abregé Norge, par les Germains Noorwegen et Norwegen. Timée au rapport de Pline la nomme Nerigon, et croit faussement, que c'est la plus grande Isle de tout le Septentriõ Ce Royaume estoit hereditaire, mais apresent il appartient au Roy de Dannemarck qui luy envoie un vice-Roy. Il occupe la partie Occidentale de la presqu'Isle de Scandinavie. Sa coste qui est dans la longueur de cinq à six cens lieües, a fort peu de bons ports a cause du grand nombre de ses Roches, et petites Isles, mesme, ony voit un goufre nommé Maëlstron qui engloutit les Vaisseaux quelques grands qu'ils soient, se perdent comme dans un abysme.

Ses bornes sont du costé du lieuant le mont Seuc vel Seuo que l'on appelle diuersement sur les lieux, de la part du Midy de la mer de Dannemarck et l'Ocean qui l'arrouse aussy du costé de l'Occident et du costé du Septentrion elle confine a la Fünmarchie et approche bien prés de la Zone Froide, et mesme y entre en quelques endroits vers le Nortcap, qui est la pointe la plus Septentrionale de toute l'Europe.

Les Geographes divisent la Norvege en cinq Gouuernemens. Le premier se nomme Berghenhus qui rebnoit pour ville capitale Bergue Berga, situé dans la partie Orientale, ou elle a un bon Port entouré de Montagnes et c'est ou le Viceroy fait sa residence, plus les Villes Anseatique y ont Magazin Le 2e. Aggerhus qui a pour capitale Anslo ou Obslo ou Ansloye proche le Golphe de meme nom dans le voisinage du Château d'Aggerhus, elle a esté consumé par un grand incendie, Christian IV. du nom

Roy de Dannemarck la rebâti et l'appela de son nom Christianie l'an 1624. Dans cette Ville on celebra la Ceremonie du mariage de Jacques VI. Roy d'Ecosse avec Anne fille de Frid. Roy de Dän.

Le 3e. art Gronthemhus qui a pour capitale Drontham en Latin Nidrosia, et c'est la metropolitaine de tout le Royaume qui seruoit autrefois de demeure aux Roys du Pays, et ou l'on voit encor maintenant quelques restes et mazures de la plus magnifique Eglise de tout le Septentrion qui fut reduite en cendres par le Feu, Cette Ville aujourd'huy est beaucoup déchüe de son ancicne splendeur, et ressemble à un Village.

Le 4e. se nommé Bahus qui appartient au Roy de Suede, a qui le Dannois le ceda l'an 1658. Sa Ville capitale porte le mesme nom du Gouvernemët qui est un Château tres fort dans une petite Isle que fait la riviere de la Trolhette, Trolherta.

Le 5e. est Wardhuys nom aussi de la Ville capitale qui est un petit Château ancien, fortifié d'aucunes tours, nyde défenses, apres ce Château l'on ne voit dans ce Pays que quelques villages de peu de remit Le Pays est grand mais montueux et infertile à cause du sol pierreux, des sablons, et des grandes Forests qui y sont. Ainsy il n'y croist point de Bled et il n'y a que les plus riches qui mangent du Pain qu'on y apporte d'ailleurs. Le menu peuple use de poisson endurci au vent et à la gelée, mesme ils en font du pain. Il s'y prend quantité de Merluë qu'ils appellent Stoxuik. Toute la coste Occidentale est infectée de Baleines grandes à merveille. De toutes les Rivieres qui y sont, il n'y a que celle qu'on nomme Glama, qui puisse porter de grands Batteaux. Dans le lac appellé Mos, l'on y voit par fois un Serpent d'une grandeur demesurée

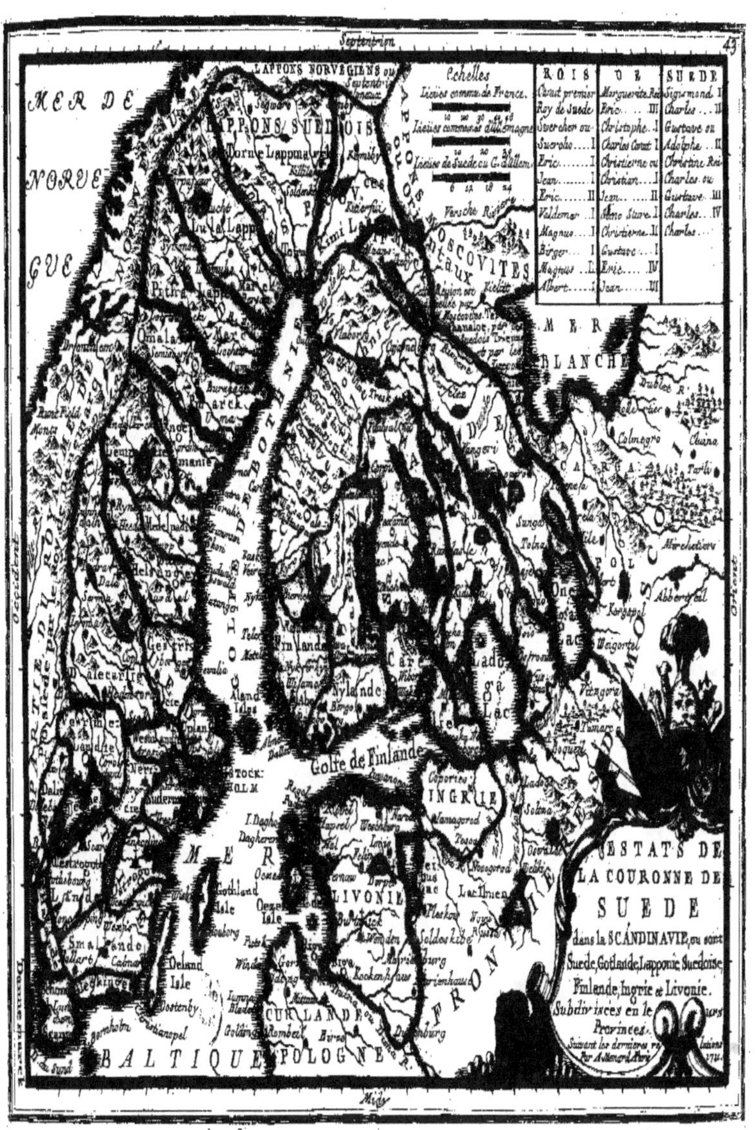

Septentrion
43
MER DE
NORVE
GVE
Occident
Partie du Roy. de Norvege
Partie du Roy. de Suede
LAPPONS NORVEGIENS ou Septentrionaux
LAPPONS SUEDOIS
Torne Lappmark
Lula Lappmark
Pitha Lappmark
Umala
P R O V.
A P P O N S   M O S C O V I T E S ou   O R I E N T A U X
Echelles
Lieües commun. de France.
lieües communes d'Allemagne.
lieuë de Suede ou G. d'Allem.
Versche Rif.
ROIS   DE   SUEDE
Canut premier Roy de Suede
Suercher ou Sueroho I
Eric I
Jean I
Eric II
Valdemar .. I
Magnus ... I
Birger ... I
Magnus .. L
Albert I
Marguerite Rei.
Eric III
Christophe .. I
Charles Canut I
Christierne ou
Christian ... I
Jean II
Sten Sture. I
Christierne II
Gustave ... I
Eric IV
Jean III
Sigismond. I
Charles ... II
Gustave ou
Adolphe .. II
Christine Rei.
Charles ou
Gustave .. III
Charles... IV
Charles ...
MER
BLANCHE
Dublec R.
Colmogro
Ouina
CARE
P O L
Onega
M O S C O V I E
Golfe de Finlande
INGRIE
STOCK:HOLM
I. Dagho
Dagherou
MER
BALTIQUE
OCeans
Gothland Isle
Oezel Isle
Smalande
Oeland Isle
Wostenby
LIVONIE
CURLANDE
POLOGNE
FRONTIERES DE
Lac Ladoga
Ladoga Lac
Solna
Orville
Weliki
Ingrie
Narva
Wesenburg
Iwangorod
Pscou
Lac Ilmen
Novogrod
Meskow
Jury
Dorpt
Wenden
Soldes Lube
Marienburg
Kokenhausen
Dunenburg
Mitau
Goldin
Birna
ESTATS DE
LA COURONNE DE
SUEDE
dans la SCANDINAVIE, ou sont
Suede, Gotlande, Lapponie, Suedoise,
Finlande, Ingrie et Livonie.
Subdivisees en leurs
Provinces.
Suivant les dernieres relations
Par A. Menard à Paris 1711
Midy
Orient

Suivant le sentiment de Olivier, la Suede est le plus
ancien de tous les Royaumes du Monde, il commença
par les Suions ou Sueons anciens Peuples, et continue
de Siecle en Siecle, sans interruption jusqu'a present,
et fait une partie du grand continent de l'Europe,
Quelques uns disent neantmoins que ce Royaume estoit uni autre fois au Dannemarck et a la Norvege, et
s'apelloit le Royaume des Gots. Mais quoy qu'il en
soit Canut fut le premier Roy avant la Naissance de
J.C. et commença de regner environ l'an 1182 ou 1183.
Les limites de cette Couronne ont du costé du Couchant
le Dannemarck et au Nord la Norvege où il est separé
par les confins de cette grande chaisne du mont Sevo,
qui s'appelle maintenant doffrefielle, Skarsfiell, Runt-
fiel, Fillefiell, et d'autres noms selon les divers endroits
au Levant la Lapponie, la Finlande, la Moscovie, et la
Mer Baltique au Midy.

La Suede est un Royaume scitué vers le Septentrion,
que l'on divise en six parties, qui sont la Suede propre
la Gothie les Nordelles la Finlande l'Ingrie et la Livonie. Sans oublier la Lapponie Suedoise. Elles sont
subdivisés en trentecinq Provinces que vous trouverez
sur nostre Carte qui est divisée en cette sorte.

1. La Suede propre renferme cinq Gouvernemens qui
sont Upland, le Westmanland, Dalarna, Nerike, et Soedermanland, et reconnoit pour Ville capitale aussy
bien que de tout le Royaume Stokolm, ville tres-ri-
che bâtie sur pilotis d'où elle a pris son nom, et est la residence du Roy, port de Mer le plus seûr et plus comode
parmi ceux de l'Europe, Upsal, ou se faisoit autrefois le
couronnement des Roys et Nikoping, ville avec un bon port
sur la Mer Baltique, sont d'autres Villes de cete region.

2. La Gothie est la partie Meridionale de la Suede en-
tre la Suede propre, la Norvege propre et la Mer Balti-
On la divise en trois parties, scavoir wester-Gotie, ou
Gotie Occidentale, l'Ost Gotie ou Gotie Orientale, et
l'Ostro-Gotie ou Gotie Meridionale. Elle est aussi sub-
divisée en dix provinces qui sont Wester Gotie, Waals
Wermeland, Oost-Gotie, Smaland, Oeland, Gutlands
Skone, Halland et Bleking. Les plus considerables
Villes sont Calmar bon port sur la Mer Baltique,
Gotembourg, et Christianopel bâtie l'an 1600.

3. Les Nordelles est une Province de la Suede propre située entre le Wermeland, le Soedermanland et
la Gotie Occidentale. Orebro est la Ville capitale, et
unique dans cette Province. Je joint au Nordelles la
Lapponie Suedoise, qui n'a point de Villes considerables mais seulement des habitations, qui sont
divisées en cinq Contrées.

4. La Finlande est un Duché entre la Mer Baltique,
les Golphes de Bothnie et de Finlande, qui a tiré son
nom de la beauté de son terroir. Les Villes principales sont Albo, Vibourg, et Rexebourg port de Mer, où
les Aiguilles aimanttées tournent continuellement.

5. L'Ingrie, est scituée entre la Moscovie, la Livonie
et le Golphe de Finlande, Noteborg est une Fortresse
tres importante de cette Province.

6. La Livonie, pays entre les Golphes de Finlande et
de Riga, la Pologne, et l'Ingrie. Riga est la Ville capitale, qui en 1656 repoussa une Armée de cent-Mille
Moscovites, Revel, Derpt, et Venden, sont d'autres
Places de cette Province. Outre ces 6. Provinces a
cette Monarchie apartient la Pomeranie, le Duché de
Bremen de Bahus en Norvege et de plus.rs autres Seig.rs
Le Roy de Suede, a qui l'on donne ordinairement le
titre de Tres ancien fait le 6.e parmi ceux d'Europe.
Les richesses de ce Royaume consistent dans l'abondance des vivres, quelques mines de Cuivre, d'Argent,
de Plomb et de Fer. Il se trouve aussi quantité de
Lacs, Roches, Montagne, Forets et Bois.

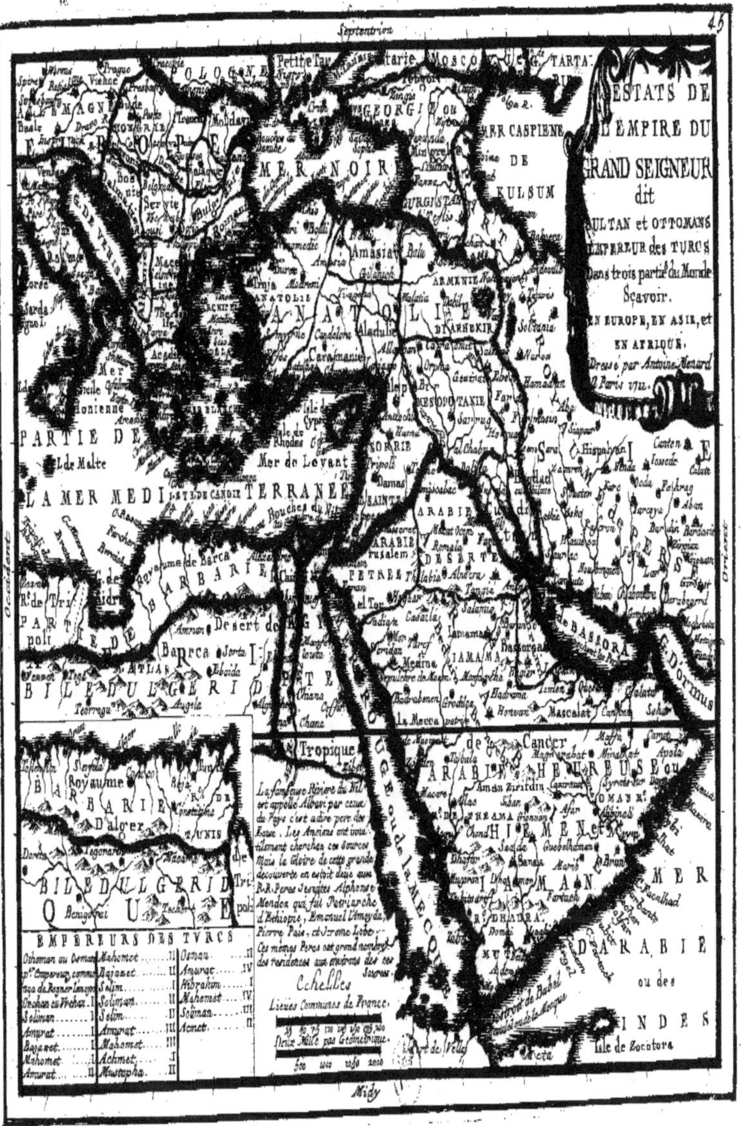

Septentrion
ESTATS DE
L'EMPIRE DU
GRAND SEIGNEUR
dit
SULTAN et OTTOMANS
EMPEREUR des TURCS
Dans trois partie du Monde
Sçavoir.
EN EUROPE, EN ASIE, et
EN AFRIQUE.
Dressé par Antoine Menard
à Paris 1711.
EMPEREURS DES TURCS
Othoman ou Osman
Mahomet
Osnau
Amurat
Mustapha
Achmet
EMPEREURS DES TVRCS
Echelles
Lieues Communes de France.
Deux Mille pas Geometrique.
La fameuse Riviere du Nil
est appelée Abbavi par ceux
du Pays c'est a dire pere des
Eaux. Les Anciens ont inu-
tilement cherché ces Sources
Mais la Gloire de cette grande
decouverte en estoit deue aux
R.R. Peres Jesuites Alphonse
Mendez qui fut Patriarche
d'Ethiopie, Emanuel d'Almeyda
Pierre Pais, et Jerome Lobo
Ces mesmes Peres ont grand nombre
des residences aux environs des ces
Sources.
Occident
Orient
Midy

Ce grand Empire commença en mille trois cens sous
le Regne d'Osman ou Othoman, qui pour conserver
a perpetuité la memoire d'une avanture prit pour
Armes un Croissant d'Argent en champ de
sinople. L'aventure est que son pere son-
gea un jour en dormant voir un Croissant qui sortoit du sein d'un nommé Edebales et entroit dans le sien, d'ou aussitôt parut
un Arbre qui faisoit ombre sur de hautes Montañes
et sur plusieurs climats. Edebales expliquant ce
songe luy promit la naissance d'un fils nomé Otto-
man, ou Osman qui epouseroit sa fille d'ou sortiroi-
ent des Princes Maitres du Monde.
Ce n'est pas sans suiet qu'en parlant du Turc, on dit le
Grand Seigneur. Il n'y a point de souverain qui ait
tant de pays que luy sous sa domination dans toutes
les trois parties de l'ancien Monde, qui est l'Europe,
l'Asie, et l'Afrique. Il possede du Couchant au Levã
depuis Belis de la Gomere, ou l'extremité Occidétale
du R. d'Alger qui luy est tributaire, jusqu'a Balsora,
qui est au bout du Golphe Persique, par un espace
d'environ 800. lieuës. Et du Septentrion au Midy depuis Caffa de la Chersonese Taurique, ou plustôt depuis la Tana au dessus des Palus Meotides, jusques
à Aden qui est a l'emboucheure de la mer Rouge ou
du d'estroit de Babelmandel, par une autre distãce
de bien prés de sept cent lieuës.
En effect il tient en Asie, la Natolie auec plusieurs Isles comme Chipre, et Rhodes, la premiere a
esté enlevé aux Venitiens par Selim II. Empereur
des Turcs l'an 1571. la deuxieme a eté prise par
Soliman sur les Chevaliers de Saint Jean de Jerusalem qu'on nomme à present Chevaliers de Malthe
en l'année 1522. la Syrie, la Turcomanie, avec la Me-
sopotanie et toutte la grande et vaste étenduë
des trois Arabies nommées Heureuse, Deserte, et
Petrée

Il est maistre dans l'Afrique de tout ce qu'elle a
de coste sur la mer Mediterranée à la reserue de
quelques petites places qui reconnoissent le Roy
d'Espagne et celuy de Maroc de son Roiaume, car
ce dernier n'est pas son tributaire comme quelques uns l'ont ecrit.
Et a l'egard de l'Europe, il est constant que la Grece luy obeit hormis celle que les Venitiens luy ont enlevé dans
les dernieres Gueres, la Trace, la Bosnie, la Servie,
la Bulgarie, la Croatie, et partie de la Dalmatie, car
les Venitiens en ont aussy beaucoup retiré des
mains de ces Barbares, comme aussy l'Empereur
a fait du Roiaume de Hongrie, Transylvanie, &c.
la Valachie et la Moldavie, avec la Petite Tartarie
qu'on appelle Precopite luy obeissent, pour ne
rien dire de la Republique de Ragouse qui luy
paie tribut comme l'on voit dans nôtre Carte
de la Dalmatie.
Cette maudite nation passa en Europe par la
voye de certains Marchands Genois, qui à la
honte du nom Chrétien, en passerent soixante
mille pour chacun un écu par teste parceque
en ce temps la ils n'avoient point de Vaisseaux
Dans cete grande et vaste etendue de Pays il sy
trouve un grand nombre de Villes tres grandes
tres riches tres magnifiques et tres bien peu-
plées doit la capitale de toute cette grande Mõarchie
est aujourd'huy Constantinople, autre fois Burse
de Bithynie en fut d'abord le Siege et depuis Andrinople, quelques unes des autres sont Alep, Antioche
Trebisonde, Damas, Jerusalem, Babilone, Ninive, enfin Medine et la Mecque.
Son terroir produit toutes sortes de choses neces-
saire à la vie, suivant les differents Climats et Regions de Pays, differents Bleds, Vins, Fruits, Legumes,
&c. Il sy trouve aussy des Mines d'Or, d'Argent, de
Per &c.

Septentrion
LE ROYAUME DE HONGRIE
ou se trouvent
La Transilvanie,
La Moldavie,
La Valaquie,
L'esolavonie,
La Bosnie,
La Servie,
et la Bulgarie,
&c.
Par A. Mor
A Paris
MORAVIE
LE GRAND PARTIE DE POKUCIE
PODOLIE
Kamieniec
HONGRIE
TRANSILVANIE
MOLDAVIE
BESSARABIE
VALAQUIE
Tarterpol
SCLAVONIE
BOSNIE
DALMATIE
SERVIE
HERZEGOVINE
BULGARIE
ROMANIE
TRACE
MER NOIRE
ou MER MAIEVRE
Anciennement
PONT EUXIN
Bouches du Danube
Meridionale
GOLFE
ALBANIE
DE VENISE
Ragusa
Durazzo
Sophie
Philippopoli
Carnobat
Andrinople
CONSTANTINOPLE
Occidentale
Orientale
Midy
Roys de Hongrie
Estienne I
Roy de Hongrie
Pierre II
Ovon ou Aban . III
André I
Bela I
Salomon . . . I
Geiza II
Ladislas . . . I
Coloman . . . I
Estienne . . . II
Bela II
Geiza II
Estienne . . . III
Estienne . . . IV
Bela III
Emery I
Ladislas . . . III
André II
Bela IV
Estienne . . . V
Ladislas . . . IV
André III
Charobert . . . I
Louis I
Charles . . . III
Sigismond . . I
Albert I
Ladislas . . . IV
Jean I
Ladislas . . . V
Mathias . . . I
Ladislas . . . VI
Louis II
Ferdinand . . I
Joseph I

LE R.^{me} DE HONGRIE AVEC LES

On pretend que le mot d'Hongrie ét tiré des Huns Peup.
descendus de la Scythie et assez connus par les ravages
qu'ils ont fait dans l'Europe, principalment sous Attila
un de leurs Roys. D'autres veulent que le mot d'Hongrie
vienne des Hugres autres Peuples descendus des Forests
de la grande Russie et de la Mer glaciale.
La Hongrie est un Royaume électif où Charlemagne
auoit commencé à planter la Foy. Mais St. Estienne
qui viuoit en 997. et a qui l'Empereur Henry IIe. du nom
donna le titre de Roy, affermit si bien la Religion
Chrétienne dans son Royaume qu'il gagna pour lui
et ses successeurs le titre d'Apôtre de la Hongrie, qui
contient 70. ou 60. Comtez, et qui est une partie de l'ancienne Pannonie Inferieure des Romains.
Ses bornes sont au Levant, la Transylvanie, au Septentrion la Pologne et la Russie, au Couchant, la Moravie,
l'Austriche et la Stirie, et au Midy la Servie et la
Bosnie. On la divise en haute et basse; la premiere est
située vers le Levant et le Septentrion, au de la du
Danube, la 2e vers le Couchant et le Midy en deça du
Danube, dont elle est bornée d'une part et de la Save
de l'autre. On peut dire assurement que la Hongrie
est le meilleur pays de l'Europe; que la terre est
fertile en Bleds, Vins, Fruits et Paturages. Il se trouë
aussi beaucoup de Betail et de tres bons Chevaux. On
decouvre dans ses Montagnes des miné D'or, D'argēt,
de Cuivre, de Fer, de Mercure, d'Antimoine, et de Sel.
La Ville capitale de la haute Hongrie est Presbourg où
l'on garde la Couronne du Royaume; autrefois c'étoit
Albe la Royale, les autres plus considerables sont Erlau,
Tokay, Temeswar, Cassovie Eperies, Newhusel, &c.
Dans la basse Hongrie est Bude, capitale de tout le Royaume, les Imperiaux l'ont prise d'assaut en l'anné 1686
les autres Places sont Gran, Komore, Javarin ou Raab,
Cinq-Eglises, ou mourut Soliman en 1566. Canise, Zigetz
&c.

ETATS QUI Y SONT ASSUJETIS.

La Transylvanie c'est une partie de l'anciene Dacie
Occidentale, elle a la Hongrie au couchant, la Moravie
au Levant, le mont Carpathe au Septentrion, et la
Valachie au Midy. Ses plus belles Villes sont Hermes-
tad, Clausembourg et Veissembourg.
La Moldavie ou basse Valachie est située entre le
Danube, la Bulgarie, la Transilvanie et la Hongrie, elle
à tiré son nom, d'une des rivieres nommée Moldau,
Bucherest est la Ville capitale.
La Valachie faisoit autrefois une portion de la Dacie,
elle se divise en 2 parties, sçavoir la Valachie prope
ou Occidentale et la Valachie basse qu'on appelle
autrement Moldavie. Ses bornes sont la Pologne, la
Bessarabie, la Bulgarie et la Moldavie. Jassy est la
residence du Prince, Chorczin petite Ville ou les Polonois gagnerent 2 fameuses Batailles.
L'esclavonie petite Province entre la Save et la Drave, sa Ville capitale est Gradisca, Posega, Sirmisch,
et Varadin ... sont d'autres Places.
La Bosnie a tiré son nom, de la Riviere de Bosna,
situé entre l'Esclavonie, la Racie, la Croatie, et la
Dalmatie, sa Ville capitale se nomme Jayeza, Tine et
Banialuch ... sont d'autres Villes.
La Servie c'est la haute Moesie et une partie de
la Dalmatie, elle est située entre la Croatie, la Mer
de Venise, les Rivieres du Danube et de Moraw, elle
reconoist Belgrade pour Ville capitale.
La Bulgarie est la basse Moesie, placée entre la Mer
Noire la Moldavie, la Servie, la Romanie et la Macedoine. Son nom à esté donné par les Bolgares peup.
descendus du Wolga, ses Villes sont Sophie qui est la
Capitale les autres sont Silistrie, Babba ou Tomi, Var-
ne et Nigeboli, bâtie par l'Empereur Trajan.
Les pricipales Rivieres de la Hongrie sont, le Danube,
le Teissa ou l'on pesche grand quantité de Poissons, le Save et le Drave.

Septentrion
CARTE GENERALE D'ITALIE et des Isles Adjacentes Tiré des Bons Auteurs Par Antoine Menard A Paris 1711
Chronologie des Papes
Suite des Papes
FRONTIÈRES D'AELE FRIOUL MAGNE
LES VALAIS LES GRISONS VENISE MARK ESCLAVONIE
DUCHÉ Allie des Suisses
SAVOYE PIEMONT
DAUPHINÉ
Alpes Maritimes
PROVENCE
GOLFE DE VENISE ou MER ADRIATIQUE
DUCHÉ DE PARME
MER MEDITERRANÉE DE GENES
DE TOSCANE ou MER TIRRHENE
Echelles
Lieues communes de France
Milles d'Italie
MER DE CORSE
ANTIPAPES
ISLE DE SARDAIGNE
ROYAUME DE SARDAIGNE
Golfe d'Alger
Cap de Cagliari
SARDAIGNE
ROYAUME DE SICILE
MER MEDITERRANÉE
Occident
Orient
Midy

Il seroit tres difficile de decrire icy la moindre partie de tout ce qui s'est passé en Italie, auec tout ce qu'elle renferme aujourd'huy. Les bornes dans lesquels je me trouve renfermé etant trop etroittes pour faire une ample description de cet illustre Païs. Je passe sous silence les divers nõs qu'elle a eû ses anciennes et modernes Divisions et les Guerres nombreuses qu'elle a souffertes par la grande multitude de Peuples de diverses nations qui y vinrent pour la dominer. Je diray seulement que depuis que la grandeur de l'Empire Romain, et son Siège a esté tranferé en la Germanie, elle s'est veuë demembrée par les uns et par les autres et reduite en plusieurs Gouvernemens, dont voicy les principaux.

Le Pape comme p.ce souurain possede tout l'estat Ecclesiastique composé de 12 Provinces, qui sont la Campagñe de Rome, le Patrimoine de St Pierre, la Terre Sabine, l'Ombrie ou D.e de Spolette, l'Orvietan, le Perugin, le Comté de Citta-di-Castello, la Marche d'Ancone, le D.e d'Urbin, la Romagne, le Boulonois et le Ferrarois. Outre ce 12 Provinces sa Sainteté possede plusieurs autres lieux en Italie auec le Comtat d'Avignon qui est en France.

Le Roy d'Espagne tient aujourd'huy si les presentes guerres ne causent du changement le D.e de Milan, où il y a u Territoires, que je laisse a part, il tient aussy le Marq. de Final, l'estat delli Presidi, le Royaume de Naples, consistant en 12 Provinces, les Isles de Sicile, Sardaigne et autres, sous sa protetion sont Piombin et Portolongone en l'Isle d'Elbe.

A la Republlique de Venise obeyssent le domaine de Terre ferme qui consiste en 14 Provinces sçavoir le Dogado, le Trevisan, le Feltrin, le Bellunesse, le Cadorin, le Frioul, la plus grande partie de l'Istrie et l'autre partie a l'Empereur, le Padoüan, le Polesine, le Vicentin, le Bresaran, le Bergamasc et le Cremasc.

Au Duc de Savoye appartiennent les D.es de Savoye d'Aoust et une partie de celuy de Monferrat, les Principautez de Piemont et de Barcelonette, les Marquisats d'Iurée, de Suze, de Salusses, de Ceue, d'Oneille et de Mare, la Seigneurie de Verceil, les Comtez d'Ast, de Tende et de Bueil, enfin le Contat de Nice et Pignerol.

Le grand Duc de Toscane possede le grand Duché de son nom ou sont les Territoires de Florence, de Siene et de Pise, la Partie de l'Isle d'Elbe, où est Cosmopoli et la S.e de Pontremoli achetée l'an 1650.

Sous la Republique de Genes sont la Riviere ou Coste de Genes, l'Isle de Corse et l'Isle Capraye.

Le Duc de Mantoüe possede le D.e de Mantoüe enuahy apresent par l'Empereur, auec l'autre partie du Monferrat ou est Cazal. Et ce qu'il possede en France.

Le Duc de Parme est maistre des Duchez de Parme, de Plaisance, et de Castro, auec le Comté de Rusillon engagez a l'Eglise l'an 1650. Cast.el Amare, et Civita di peña.

Le Duc de Modene est souurain des Duchez de Modene et de Reggio, les Princ.tés de Carpi, et de Correggio, les S.ries de Sassueil, et de Frignan, partie de la vallée de Carfagan où est Castel-Nouo, et enfin le C.té de Roli.

La Republique de Lucques ne possede que sa ville et son territoir nommé Lucquois. L'Evesque de Trente est S.r Spirituel et Temporel du Trentin.

Tous ces Estats ont leurs Villes capitalles et plusieurs autres, les plus puisantes auec leurs Epithetes sont Rome la Sainte, Naples la Noble, Florence la Belle, Genes la Superbe, Milan la Grande, Rauenne l'ancienne, Venise la Riche, Padoüe la Docte, et Boulogne la Grasse. Il y a en Italie un grand nõbre d'autres Duchez, Principautez Republiques &c. qui sont neanmoins de fort peu d'etenduë. Son terroir est si abondant. et fertile generalement en touttes sortes de choses qu'on l'apelle ordinairement le jardin de l'Europe.

Septentrion
51
BOSNIE
PARTIE DE LA MER DE
MER de
PARTIE
ISLES
DESERTE
DALMATIE
REPUBLIQUE DE RAGUSE
DU GOLFE
DE VENISE
Occident
Orient
Midy
Mostar
Salona
Lissa I.
St Andrea I.
Melissilo I.
St Pierre Isles et Mer de Raguse
Canale
Raguse Nuovo
Raguse Vechio
Monte Falcone
Risano
Cattaro
Embouchure du Golfe de Cataro
Castel Novo
ALBANIE
Golfe du Drin
Durasso
Echelles
Milles d'Italie
5   10   15   20
Lieües communes de France
5   10   15   17½
La petite Republique de Raguse est
sous la protection du Grand Seigneur,
qui elle paye quatorze mille escus de
Tribut annuel; quelques uns disent vin-
gt mille, quelques autres dix-huit mille
Sequins, et dix mille escus aux Veni-
tiens pour estre Chrestienne; elle ne
les craint pas moins que les Turcs.
Son revenu est de vingt cinq mille
escus.
LES ISLES
et
COSTE DE LA
DALMATIE
ou se Trouvent
la Republique de Raguse
et Partie de la Servie &c.
Par Antoine Menard, Paris

Cinq Provinces sont comprises sous le nom de l'Illyrie, s'çavoir la Bosnie, la Servie, la Bulgarie, la Croatie, et la Dalmatie, mesme quelques-uns y ajoutent l'Albanie, quoy qu'elle soit soumise à la Macedoine. La Dalmatie est une partie de cette mesme Illyrie, qui a tiré son nom (come l'on croit) d'une de ses villes nomée dalminie, ou deminie, delmiocio, elle fût subjuguée par les Romains, du temps de l'Empereur Auguste; depuis ce temp là elle demeura sous la domination de cet Empire, jusqu'à ce que les Goths vinrent la ravager, et quelques Siecles apre les Esclavons, sortis des pays voisins de là le Palus Meotide, ou mer delle Zabache. Ceux-cy cederent quelque temps apres aux Hongrois, et les uns et les autres aux Turcs, qui tiennent aujourd'huy le dedans du pays. Les Venitiens, s'etendent tout le long de cette côte, et ils sont maitres aussi de toutes les Isles, hormis de quelques places qui sont au Turc, et de la republique de Raguse, dont sa ville capitale est Raguse, bâtie sur les ruines de l'ancienne Epidaure, c'est une tres-belle Cité, ou arri.te toutes les marchandises, qui viennent de Turquie; les autres places sont Raguse, Vecchio, sainte Croix, qui est aussi son principal Port de Mer, Stagno Grande, et Sabionette; le Gouverneur de sa forteresse, se change tous les jours, et n'y entre que les yeux bandez, vers la nuit Son Duc, ou Recteur, se change aussi tous les mois, et il y a cent Senateurs pour conduire les affaires du Gouvernement de cette Republique.

Alexis Empereur declara que les Venitiens fuſſent à perpetuité les Seigneurs de la Dalmatie, et de la Croatie pour recoñoissance des bien-faits, et du secours à luy donné, qui arriva du temps du vivant du Doge Vital Faliero, ainsy ce Prince, fut le premier qui porta la qualité de Doge de la Dalmatie. Elle est placée le long du Golfe de Venise, entre la Croatie, la Bosnie, et la Servie. C'est une Region bien aïrée et abondante, la Terre y est fertile en bled, en vin, comme aussi en toutes autres choses necessaires a la vie humaine. La ville capitale de la Dalmatie est Zara, qui a été prise et reprise plusieurs fois, et qui a été le sujet de plusieurs guerres entre le Roy de Hongrie et les Venitiens. Elle peut passer entre les Citéz considerables de l'Europe les autres sont S palato, pays de l'Empereur Diocletian; Salona, ou le mesme Empereur s'étant volontairement demis de l'Empire, alla passer le reste de ses jours en repos Scardona, Sebenico, Trau, sont de bonnes places, Narenza, contre laquelle les Venitiens eurent de grandes guerres, mais a la fin ayant detruit ses forces, resta a son obeissance. Clissa est une place tres forte, surprise pourtant par Amurat-Bassa, du temps de l'Empereur Soliman, Castel-nuovo, ville tres forte d'assiette, bâtie sur le Golfe de Cataro, prise par Charles-Quint, puis reprise par le Corsaire Barbe-rousse, avec le meurtre de toute sa belle garnison, aujourd'huy sous la puissance des Venitiens. Rizano, fut assiegée par le piratte Barbe-rousse mais bravement deffendue par les Venitiens. Budua, Antivari, Dulcigne, place d'importance, pour qui il y a eü autrefois de grandes guerres entre Scanderbeg, et les Venitiens; Dans les Isles plus remarquables, ils s'y trouvent les villes de Brazza, Lesina, et Curzola, elles portent aussi les noms des mesmes Isles.

Scutari, les Venitiens, soutinrent un Siege de 3 ans, alencontre de Mahomet II.me du nom, Drivasto, Durasso, et Croia, sont de l'Albanie.

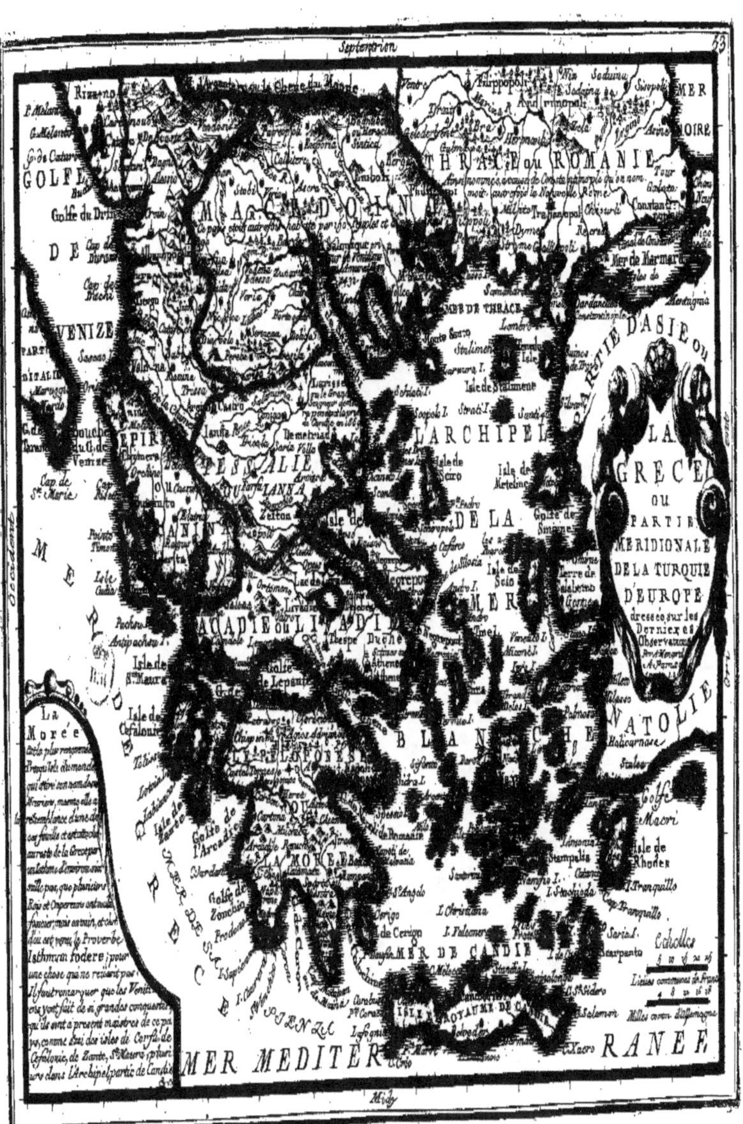

Septentrion

LA GRECE
ou
PARTIE
MERIDIONALE
DE LA TURQUIE
D'EUROPE
dressée sur les
Derniers et
Observations
Par A. Menard
A. Paris

THRACE ou ROMANIE

MACEDOINE

MER NOIRE

Mer de Marmara

PARTIE D'ASIE ou NATOLIE

GOLFE DE VENIZE

VENIZE

EPIRE

THESSALIE

L'ARCHIPEL

ACADIE ou LIVADIE

MER BLANCHE

MER DE LA MOREE

DE LA MER

La Morée
Isle la plus renommée
Presqu'Isle du monde
qui attire son nom de sa
figure, mesme elle a
la ressemblance d'une de
ces feuilles et est attachée
au reste de la Grece par
un Isthme d'environ six
mille pas, que plusieurs
Rois et Empereurs ont voulu
trancher; mais en vain, et de là
nous est venu le Proverbe
Isthmum fodere; pour
une chose qui ne réussit pas
Il faut remarquer que les Venitiens
ne y ont fait de si grandes conquestes
qu'ils sont à present maistres de ce pais,
y, comme sont des isles de Corfu de
Cefalonie, de Zante, S:te Maure; plusieurs
autres dans l'Archipel partie de Candie

PELOPONESE
LA MOREE

Isle de S:te Maure
Isle de Cefalonie
Isle de Zante

Cap de St. Marie

NATOLIE
Halicarnasse

Golfe de Macri
Isle de Rhodes

MER DE CANDIE
ROYAUME DE CANDIE

MER MEDITERRANEE

Midy

La Grece a esté ainsy nommée d'un de ses Rois appellé
Grecus, et d'un autre Roy nommé Hellene, elle fut
nommée Hellas et ses habitans Hellenes. Neantmoins le nom
de Grece se prend diversement, car premierement deux
contrées furent nommées du nom de Grece les quelles apr[es]
furent separement appellées l'une Thessalie, l'autre Grece
ou Hellas, puis après le Peloponese fut adiouté sur le nom
de la Grece, apres l'Epire en fut et toute la Macedoine,
et en outre l'Isle de Crete avec touttes les Isles qui sont
contigues à la Grece, mesme le nom de Grece fut
donné à la Sicile et à une partie de la basse Italie,
qui est la Calabre superieure et passa aussy dans le
continent de l'Asie voisine pour y donner le nom de
Grece Asiatique. Comme l'on voit dans plusieurs Auteurs.
Or tout ce que nous comprenons et renfermons aujour-
d'huy par le nom de Grece est du costé de l'Orient de la
Mer Egée, du costé du Midy de la Mer de Candie, du costé de la Mer Ioniene ou Mer de Grece, enfin du costé du
Septentrion, des Montagnes de Marinai et de la Riviere
de Stramona qui fait la separation d'avec les Traces.
Toict ce Pays étant ainsy renfermé je le divise en six parties, Scavoir. 1° La Macedoine est un Pays scitué entre
l'Archipel, la Mer d'Ionie, la Dalmatie, la Servie, et la
Romanie. Elle se divise en quatre partie, la Premiere se
nomme Iamboli, la Deuxieme Comenolitari, la Troisieme l'Albanie
et la Quatrieme est la Macedoine propre. Ses Villes plus considerables sont, Salonique, Thessalonica, autrefois Therme,
Ville grande et riche, et qui passe pour Capitale. Andro-
nic Paleologue frere de Constantin dernier Empereur de
Grece, la vendit l'an 1423. aux Venitiens, qui la possede-
rent jusqu'à l'an 1431. que le Sultan Amurat II. leur en
leva par force. les Autres sont Philippi, Carru-Veria,
Vodena, Janizz et Libano, patrie d'Aristote.
2° L'epire pays de la Grece placé entre la Macedoine,
la Thessalie et la Mer d'Ionie, et a eu leurs Roys, entre

les quels Pytthus fit bien de la peine aux Romains,
Sa Ville Capitale se nomme Canina, que d'autres nom-
ment Joannina dans l'ancienne Province des Cassiope-
ens, les autres Places sont la Preveza ou S. Paul écrivit
son Epistre à Titus, L'arta autrefois Ambracia, La Cimera
ville avec un bon Port et des hautes Montagnes fort
renommées, et Butrinto, aux Turcs depuis 176 ans.
3. La Thessalie est une Province presque toute entourée
des Montagnes. Et tient pour Capitale Larizza, Sur la
Salampria, puis Tricala, Argiro-castro, Demetriade, qui a
autrefois esté la Cour des Macedoniens, Farfa, ou Pompée fut défait par Cesar: Cassius et Brutus par Auguste,
Ziton, Patrie d'Achile, Jenisar, il Vollo, ou les Argonau-
tes bâtirent leur Vaisseau, Jaco, ou naquit Jason, et d'ou
il partit pour aller à la Conqueste de la Toison d'Or, enfin Comaro, ou Hercule se brûla.
4 Lacadie est une grande Province que Pline apelle la
pure Grece. Elle est située entre le Detroit de Negrepont, la Thessalie, le Golfe de Lepante, et le G. di l'Egia.
On la divise en quatre parties, scavoir le Duché d'Athenes
le Despotat, la Livadie propre, et la Stramolipa, Elle reconnoit
pour Capitale Athene ou le Grec a fleury dans sa pureté
Thebe, Lepante, ou les Chretiens gagner une grande Bataille en 1571. Calata, et Megara, suivent apres.
5. La Morée est une presqu'Isle qu'on divise en 4 parties,
scavoir le Duché de Clarence, le Belvedere, la Tzaconia ou Pays
des Mainotes, et la Sacconie. Les Villes sont Napoli de Romanie est la Capitale, puis Argos, Belvedere, Chiarenza, Co-
ratto, Coron, Modon, Navarino, Maina, Capitale de 365.
Villages, Napoli de Malvasie, et Patras, sont d'autres.
6. Il y a une infinité d'Isles qui environent de tous costez
les rivages de la Grece, dont les plus recommandables
du coste de la Mer Jonique, sont Corfou, Zante, et Cefalonie. Du coste de la Mer Egée, est l'Isle de Negrepont,
Sciro, Stalimene, Tenedo, Meteline, Scio, Naxe, Candie, &c.

Septentrion
55
Milo I.
Serpe I.
ARCHIPEL DE L. DE LA
ROYAUME D
Desnia I.
Secroia I.
Echelles
Lieües Communes d'Allemagne.
Decrola I.
Peteni I.
Demoniat. I.
Plana I.
Echelles
Lieües Communes de France
Lieües d'une heure de chemin.
MER BLANCHE
Mille Pas Geometriques ou
M. d'Italie
los 7 Isles
Santormi I.
Milemelitz I.
Christiana I.
les 3 Rochers
MER DE CANDIE Ancienement CRETICUM MARE.
Cap Sagro
Standia I.
I. Falconera
Lovo I.
Cap Suada
TERRITOIRE
TERRITOIRE
TERRITOIRE
TERRITOIRE de la CANEA
TERRITOIRE
DE
DE SETIA
Valle di
Selino
RETIMO DE CANDIE
Valle de
Messare
MER MEDITERRANÉE.
G St Jean
Pointe de
Golosa I.
Sarachinico
I. de St Zorge
I. de Goza
Midy

Entre toutes les Isles qui bordent les costez de la Grece, celle que nous appellons maintenant l'Isle de Candie est la mesme que les Anciens appelloient Creta, qui tient le premier rang en grandeur et a esté de tout temps fort celebre, comme nous font foy tous les anciens Escrivains, tant Grecs que Romains. C'est elle qui la premiere s'est renduë puissante sur Mer par la navigation et sur Terre par l'usage des Flesches, c'est elle qui a sous la conduite du Roy Minos couru la Mer et subjugué ses voisins avec une Ar[mée] navalle. Elle a enseigné aux escadrons de Cavalerie a se mesler a propos et a dresser les Chevaux au manege pour les rendre souples et obeïssans a la main dans les combats. Elle a mis par escrit les loix toute la premiere et mesme croit-on que l'etude de la Musique y a pris ses p[remiers] commencemens. Quelques uns disent que ce nom luy a esté imposé au sujet de la Nymphe Crete fille d'Hesperus. Les autres le font venir de Cres Roy des anciens Cretes. d'Autres sont d'avis qu'elle s'appelloit premierement Aeria, puis Curetis et Macaronnesus, c'est a dire l'Isle Fortunée ou des biens-heureux, a cause de la bonté et serenité de l'air, qui est si pur qu'il la rend exempte de Betes venimeuses.

Toute cette Isle s'estend en longueur de l'Orient à l'Occident, regardant d'un costé l'Asie et de l'autre l'Afrique. De la part du Septentrion, elle est battuë des flos de la mer Egée et Cretique et du Midy elle reçoit les vagues de la Mediterranée, qui n'a point en cet endroit d'autres bornes que la Libie, et l'Egypte, parties d'Afrique.

Cette grande Isle est située dans la partie Meridionale de l'Archipel, et est divisée en quatre terroirs, sçavoir le terroir de Candie, qui contient six Villes, le terroir de la Canée qui en a quatre, le terroir de Retimo qui en a deux, et le terroir de Setie qui en a aussi deux.

Sa renommée est que l'Isle de Creta a eu autrefois cent Villes. Plusieurs demeurent d'accord non qu'elle ait euë 100 villes, comme disent ceux qui ont voulu prodiguer leur paro[le] les, mais une grande quantité de belles et superbes villes. Les plus celebres ont esté Cortine, capitale de toute l'Isle, Cydon, que les Grecs nommoient la mere des villes, et que maintenant on apelle Canée, Cnosus, la ville Royale du Roy Minos, Terapne, Dium, Lycte, Lycaste, Phaeste, Menetuse, et Dictynne, Mais aujourd'huy elle reconnoit pour capitale Candie, avec un bon port et un bel Arcenal et apres avoir soutenu deux sieges fameux s'est veuë au troisieme qui dura deux ans et dans le Royaume 24, reduite a se rendre aux Turcs le 17. Septembre 1669. ou les François sous le Regne de Louïs XIIII se sont signalez, et deffendue par le Marquis de Mombrun qui en estoit Gouverneur pour les Venitiens, ayant fait tout ce qu'un grand Capitaine pouvoit faire, et à son retour en France, passant par Rome il y fut saluer le Saint Pere, qui luy fit des accueils extraordinaires. Les autres places de remarques sont La Canée, Cydonia, dans la partie Occidentale de l'Isle. Les Turcs la prirent l'an 1645. Retimo, Rhetymna, Ville avec un bon port dans la partie Septentrionale. Les Turcs s'en rendirent maitres le 30 Novembre l'an 1646. et plusieurs autres comme Setia, et Athlopotamo &c.

Cette Isle eut du commencement des Roys, puis des Capitaines, et des Ducs, Quintus Metellus fut le premier des Romains, qui s'en rendit le Maistre absolu, et la reduisit en forme de Provinces. Depuis elle a toujours demeuré sujette aux Empereurs de Rome, et à ceux de Constantinople, jusques à ce que les Sarazins s'en emparent. Baudouin C[omte] de Flandre et Empereur de Constantinople, l'ayant retirée des mains de ces mescreans, la donna a Boniface Marquis de Monferrat, qui la vendit l'an 1194 aux Venitiens une grosse somme de deniers. Dans le milieu de cete Isle est le Labyrinthe l'Ouvrage admirable de Dedale, fait et couvert de pierre de taille vouté, et depuis que vous y estiez une fois entré, il estoit impossible d'en trouver l'issue.

Les Montagnes plus remarq[uables] sont le M[ont] Ictee, l'Idee, le Corice, et le Cadiste.

Archevechés qui pre-
tendent a la Primatie.
Lyon...............1
Sens 2
Bourges 3
Narbonne........4
Rouen...........5
Bordeaux 6
Vienne..........7
FRANCE
divisée par Arc

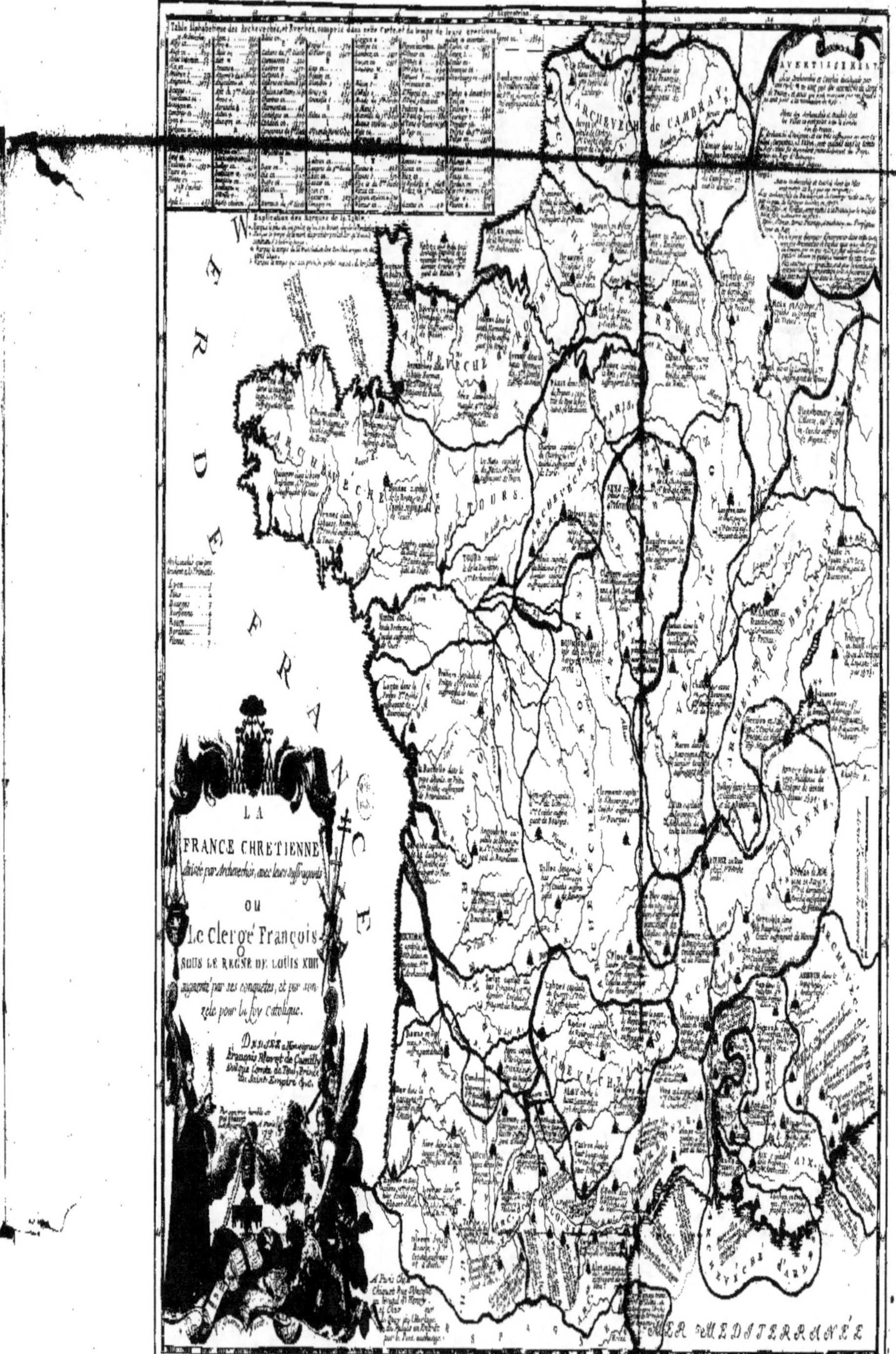

LA
FRANCE CHRETIENNE
divisée par Archevechés, avec leurs Suffragans
OU
Le Clergé François
SOUS LE REGNE DE LOUIS XIIII
augmenté par ses conquêtes, et par son
zele pour la foy catholique.
MER DE FRANCE
MER MEDITERRANÉE

GEOGRAPHIE SACREE ANCIENNE et MODERNE

*Il faut remarquer que les chiffres marquent le temps de leur erection, les noms qui sont en lettres Romaines marquent les Archevêchez et celles qui sont en lettres Italiennes marquent leurs suffragants. Les Evêchez qui sont unis sont marquez par des Acolades. + Marque le temps de la mort de son premier Prelat. * Marque le temps incertain de leurs Erections. ✳ Marque le plus ancien prelat qu'on a pu trouver depuis la Fondation. † Marque le temps que son premier Prelat vivoit. ‡ Marque le temps de l'union de son premier Prelat.*

Colonne 1

EN L'EUROPE.

Et premierement du Pape et ses suffragant comme étant le premier chef de l'Eglise.

Rome séjour du Pape depuis l'an 42 de N.S. au quel temps St Pierre premier Pontif transfera le saint Siege d'Antioche et qui se dit aujourd'huy Patriarche de Rome ou d'Occident, dont primat d'Italie, metropolitain des évêques suffragans de Rome et Evesques de St Jean de Latran et autres suivant l'Ordre ci dessus.

- Ostia en 230
- Velitri en 499
- Porto + en 220
- Ste Rufine en 546
- Sabine en 504
- Palestrine en 313
- Frascati en 269
- Albane ✳ en 310

Ses 6 Evesches sont affecté a autant des Cardinaux, ils sont dans le Patrimoine de St Pierre, en terre de Sabine et en Campagne de Rome.

En Campagne de Rome.
- Civita Vecchia en
- Tivoli en 366
- Anagni en 705
- Segni en 499
- Ferentino en 855
- Alatri + en 660
- Veroli en 743
- Terracine en 46
- Senza en
- Velletri en
- Paperno en
- Spolete en
- Norcia en

dans le Patrimoine de St Pierre
- Nepi en 46
- Sutri en 490
- Vitorbe en 1015
- Toscanella en
- Castro en 1537
- Orti en 230

Colonne 2

- Citta Castellana 998
- Corneto en 1576
- Mte Fiascone l'en 1449
- Bagnarea en 597
- Orvieto en 590
- Aquapendente 1646

Dans l'Ombrie
- Perouse en 57
- Spoleto en 50
- Citta di Castello 40
- Citta de la Pieve 1601
- Terni en 138
- Narni en 369
- Amelia en 344
- Todi en 1030
- Rieti en
- Foligno en 58
- Assise en 240
- Nocera en 242

En Toscane
- Arezzo environ l'an 320
- St Miniato en 1622
- Mte Alcino en 1462
- Pienza en 1462
- Volterra environ l'an 50
- Gubbio en 324

En la Marche d'Ancone
- Ancone en 34
- Humana en 59
- Lorette en 1586
- Recanati en 1240
- Ascoli en 330
- Jossi en 300
- Osimo environ l'an 404
- Sarzana en
- Camerino en 349
- Cortone en 1726
- Fano en 300
- Ferrara en .... 300 transferé de Buonderno

Dans le Royaume de Naples
- Citta Ducal en
- Terano en 602
- Pavie en 46
- Salusse en 1511
- Trente en 44
- Mantoue en 800
- Auerra en 1050
- Atella en
- Cume + en 298
- Aquila en 680
- Sulmona en 499
- Valva en 499
- Teramo en
- Marsi en
- Trivento en 360
- Molfetta en 1179

Colonne 3

- Atri en
- Rauello en 1066
- Scala en
- Sora en 1775
- Trivico en 360
- Lipari environ
- Patti en 1065
- Agnignano en 749

En France
- Avignon Evêché
- Archevêché en 1475
- Vaison ✳ en 314
- Carpentras ✳ en 517
- Cavaillon + en 890
- Le Puy en

En Allemagne
- Bamberg en 1006
- Indiana en 1462
- Vienne en 466

Florence Evêché en 56
- Archevêché en 1409
- Fiesoli en
- Pistoia en 600
- Prato en 600
- Colle en 1592
- Volterra en
- St Miniato en 1624
- Borgo St Sepolcro en 1520

Autres Evêc. d'Italie qui sont exempts c'est a dire non dependans de la juridiction de pas un Archevesque.
- Sienne Evêc. en 306
- Archevêché en 1459
- Syoana ✳ en 680
- Chiusi en 462
- Montalcino en
- Grosseto en
- Luques en 465
- Sarzana en
- Montepulciano en 1561
- Massa en 1726
- Piombino en

Fermo Evêc. en
- Archevêché en 300
- Macerata transferé de Recanati en 1320
- Tolentin ✳ en
- Ripa Transone en .... 1571 qui estoit devant Archevêché.
- Monte Alto en 1586
- St Severino en 1586

Urbin Evêc. en
- Archevêché en 1562
- Cagli en 369
- Fossombrone en

Colonne 4

- Cava en 1394
- Melfi en 1059
- Rapolla en
- Mont Peloso en 1068
- Cossano en
- St Marco en
- Miloto en
- Monte Leone en
- Avignano en 749

Ravenne Evêc. en 44
- Archevêché en
- Adria en
- Ossauduo a Rovigo en
- Rimini en
- Bertinoro en
- Forlimpopoli en
- Cervia en 1460
- Cesena en
- Comachio en
- Faenza en 313
- Venerina en
- Imola en 400
- Forli en 365
- Sarsina en 330

Bologne Evêc. en
- Archevêché en 1582
- Parma en
- Plaisance en 310
- Borgo St Domino en 1001
- Modene en 330
- Rege en 60
- Creme en 1580
- Carpi en

Cenes Evêc. en
- Archevêché en 1133
- ou en 1131
- Albenga en 377
- Noli en
- Brugneto en 1133
- Nebbio ✳ en
- Mariana environ l'an
- Avia en 1366
- Bobbio en 1014

Milan Evêc. en 51
- Archevêché en 600
- Cremone en
- Novare en 300
- Lodi en 300
- Alexandria de la Paille en 1175
- Tortone en 300
- Vigevano en 1530
- Bergame en
- Jechia en 1197
- Bresse en
- Alba en 310
- Asti environ 265
- Verceil en 340

Colonne 5

- Mc Feltre ou St Leon de la Citta en
- Pesaro en
- Sinigaglia en
- Eugubio en
- St Angelo en 1068
- Urbana en 1068

Turin Evêché en 312
- Archevêché en 1504
- Jurea en 451
- Mondovi en 1388
- Fossano en 1592
- Nisce de la Paglie en

Aquilée Evêché environ l'an
- Patriarchat en transferé a Vdine
- Padoue en
- Ficance en 777
- Vevone en
- Come en
- Trevire en 320
- Ceneda ✳ en 390
- Belluno environ 190
- Feltre en 588
- Concordia en
- Trieste en 600
- Cap d'Istrie en 500
- Citta Nova environ
- Paren.so en
- Pole en 590
- Pedena ✳ en 680

Venise Evêché en 773
- Patriarchat en .... 1451 ci devant a Grado
- Chioggia en
- Cercello en ci devant a Altino
- Caorle en

Arch. de Zara en Dalmatie est uni et à ce Patriarchat comme Primat de Dalmatie.

Dans le Royaume de Naples
- Naples Evêche en 44
- Archevêché en 968
- Pozzuolo en
- Nola en
- Assera en 499
- Jechia en 1197

Capove Evêc. en 44
- Archevêché en 968
- Calvi en 1094

Colonne 6

- Acqui en
- Cabosale en 1474
- Sarone en 601
- Vintimiglia en 680

Turin Evêché en 312
- Archevêché en 1504
- Jurea en 451
- Mondovi en 1388
- Fossano en 1592
- Nisce de la Paglie en

Aquilée Evêché environ l'an
- Patriarchat en transferé a Vdine
- Padoue en
- Ficance en 777
- Vevone en
- Come en
- Trevire en 320
- Ceneda ✳ en 390
- Belluno environ 190
- Feltre en 588
- Concordia en
- Trieste en 600
- Cap d'Istrie en 500
- Citta Nova environ
- Paren.so en
- Pole en 590
- Pedena ✳ en 680

Venise Evêché en 773
- Patriarchat en .... 1451 ci devant a Grado
- Chioggia en
- Cercello en ci devant a Altino
- Caorle en

Arch. de Zara en Dalmatie est uni et à ce Patriarchat comme Primat de Dalmatie.

Dans le Royaume de Naples
- Naples Evêche en 44
- Archevêché en 968
- Pozzuolo en
- Nola en
- Assera en 499
- Jechia en 1197

Capove Evêc. en 44
- Archevêché en 968
- Calvi en 1094

Colonne 7

- Caserta environ 1108
- Cajazzo ✳ en 776
- Isernia ✳ en 402
- Sessa en 499
- Gaeta en
- Mola en
- Tragetto en
- Fondi en
- Sora en
- Aquino en
- Monte Cassino en
- Venafro en 498
- Carinola en 1074
- Atina en 33
- suprime en 737
- Thiano en 333

Salerno Evêché ✳ en 500
- Archevêché en 984
- Campagna en 1525
- Capaccio trans: feré de Pesti en 930
- Policastro en 1179
- Nusco en 1408
- Marsico Novo en 370
- Sarno en 1066
- Nocera en
- Acerno en 1136

Amalfi Evêc. en 596
- Archevêché en 987
- Capri en 987
- Minori en 987
- Scala en 987
- Lettere en 984
- Ravello en 1709

Sorrento Evêché en 45
- Archevêché en 460
- Massa en 1200
- Vico en 1300
- Castell a Mare en 499

Consa Evêché en 963
- Archevêché en 1082
- Sabriano en 1179
- Alcadonia en 1179
- Bisaccio en 1179
- St Angelo de Lom: bardi en
- Cangiano en
- Muro en 1059

Acerenza Evêc. environ l'an 300
- Archevêché en 1053
- Cette Archevêché a esté uni a Matora en 1513

Colonne 8

qui est le veritable siege Archiepiscopal
- Tricarico en 106
- Venosa en 298
- Potenza en
- Gravina en 876
- Turci en 1077

Taranto Evêc. en 45
- Archevêché en 1070
- Motola en 1042
- Castellanetta en 1088
- Oria selon quelq. uns

Brindes Evêché en 164
- Archevêché en 1060
- Octouni en 1074
- Oria selon quelq autres

Otranto Evêc. en 431
- Archevêché en 1068
- Gallipoli ✳ en 646
- Vgente en
- Lecce en
- Nardo en
- Alessano en 971
- Cabo de Leuca
- Castra en 1179

Bari Evêché en 347
- Archevêché en 1089
- Canosa en
- Ruvo en 49
- Conversano en 457
- Bitouto en 743
- Polignano en 802
- Giovenazzo en 951
- Cattaro en Dalmatie en 1030
- Minervino en 1069
- Lavello en 1070
- Bitetto en 1179

Trani Evêché en 240
- Archevêché en
- Adria en 492
- Bisceglia en 784
- Sotpe en
- Nazareth de Galilea en .... 1120 transferé a Barletta diocese de Trani en
- Cane † en 52
- Montverde en

Fin du premier Folio.

Manfredonia estant autre fois la Ville de Siponto Evêché en …
Archevêché en … 1234
Mont S.Angelo en …
Mont Gargan en …
Vieste * en … 1096
S.Severo en …
Lucera en …
Monopoli en …

Lanciano Evêché …
Archevêché en … 1607
Sans suffragant

Chieti Evêché environ l'an … 440
Archevêché en 1526
Ortana en … 1570
Solmona en …
Campli en … 1600
Civita Ducale en
Civita di Pena …
Atri en …

Benevente Ev. en 40
Archevêché en … 969
Lucera en … 300
Alife en … 499
Avellino en … 499
Fricento en … 459
S.Agate en … 970
S.Severo en … 581
Draconaria * en 1061
Vieux Mareico 1062
Boiano en … 501
Lariua en … 960
Lesina en … 1264
Ascoli en … 1500
Telese * en … 1075
Mont.Maruno 1075
Ariano en … 1070
Vico ou Trevico
de la Barome en 1126
Bovino en … 1061
S.Vittoria en 1037
Monte Corvino en-viron l'an … 1000
Termoli en … 1069
Guardi Alferes 1075
Ferentino en …

Bossann Ev. en 680
Archevêché en 1247
Sans suffragant

Cozenza Ev. en 500
Archevêché en 1204
Marturano * en 761
Monte Alto en …

S.Severina Evêc.
Archevêché en 1283
Belcastro * en 1121
Isola en … 1092
Cerenzia en … 1099
Cariati en … 1099
Umbriatico en 1121
Strongoli * en 1121

Regina Evêché + en … 74
Archevêché en 1080
Cotrone en … 96
Squilace en …
Tropea en … 649
L'Amantea en …
Cantan.maro en 794
Taverna en …
Opido en … 1304
Nicastro * en 1094
Geraci en …
Bova en …
Cassano en … 1096
Cartel-a-Mare de la Brucca, en
Nicotera en … 1394

Dans l'Isle de Sicile.
Palermo Evêché + en … 400
Archevêché en …
Girgento en …
Mazzara en …
Malte dans son Isle + en … 1048

Messine Evêché
Archevêché en 820
Cifalu en … 1132
Patti environ 1130

Monreale Evêc environ … 1178
Archevêché en 1182
Catania en …
Siragusa en …

Dans l'Isle de Sardaigne.
Cagliari Evêché environ … 360
Archevêché en …
Sulci transféré en la Ville d'Igle-sia en … 1504

Oristagni Ev. en
Archevêché en …
Usel transféré a Ales en …

Sassari Evêc. en
Archevêché en …
Algeri en …
C.Aragonese en
Bosa en …

En Savoye.
Moustier Evêché + en … 581
Archevêché en …
Aoust en … 408
Sitten ou Sion en 802

Il n'y a pays au Monde où il y ait tant d'Arche-vêchez et d'Evêschez comme en Italie peut…

---

outre que les Papes ont eu dès aupar-avant ce moyen de faire prevaloir la nation Italienne sur les au-tres, dans les Conci-les Generaux.

LA CLERGE DE FRANCE.
Lyon Evêché en …
Archevêché en …
Châlon sur Sone * en … 346
Langres * en 407
Autun + en … 609
Mascon * en 501

Sens Evêché en
Archevêché en …
Auxerre en … 440
Troyes * en … 406
Nevers * en … 840
Clamecy en … 1125
c'est le mesme de Bethlehem en Ju-dée en … 1120

Paris Evêché en
Archevêché en 1622
Orleans * en … 456
Meaux environ 130
Chartres en … 1327
Blois en … 1693

Reims Evêc * en 461
Archevêché en …
Soissons en …
Châlon sur Maré 70
Beauvais + en … 75
Amiens * en … 303
Laon * en … 496
Noyon en … 520
Senlis en …
Boulogne transferé de Terrouane en 1553

Rouen Evêché + en 60
Archevêché en 1457
Eureux environ 100
Sées en …
Coutance * en … 511
Auvranches * en 511
Lisieux * en … 538
Bayeux + en … 1562
Rebec en la Nouvel-le France en … 1674

Tours Evêché en 250
Archevêché en …
le Mans en … 46
Quimper environ 360
Angers en …
S.Brieu en … 552
Treguier en …
S.Malo + en … 500
Dol * en … 500
Nantes * en … 658
S.Paul de Leon + en 600
Vennes en …

Renes * + en … big
Bourgnes Evêc en
Archevêché en …
Clermont en … 46
Limoges en … 46
S.Fleur en … 1317
Tulles en … 1318

Alby Evêché en …
Archevêché en … 1678
Cahors environ 200
Rodes environ 307
Mende en …
Castres en … 1317
Vabres en … 1317

Bourdeaux Evê.
Archevêché en …
Santes en … 46
Angouleme en … 46
Agen + en … 302
Poitiers * en … 303
Periqueux en …
Sarlat en … 1317
Luçon en … 1317
Condom en … 1317
la Rochelle en 1648 transferé de la Ab-baie de Mailison qui avoit été érigé en … 1317

Auch Evêché en …
Archevêché en 613
Dax en … 303
Lescar en … 303
Conserans * en 500
Tarbe * en … 500
Lactoure en …
Aire * en … 506
Bazas en … 508
Oleron + en … 506
Aqvone rétabli …
Morepoix en … 1318
Lavaur en … 1318
Rieux en … 1318

Narbonne Evêché + en … 60
Archevêché en …
Carcassone + environ l'an … 300
Beziev * environ 400
Vsen Environ l'an 400
Agde * en … 400
Lodeve * en … 588
Alet en … 1317
S.Pons de Tumiers 1318
Monpelier transferé de Maguelone et de Substantion

---

en 1633 ou en 1696
Alais en … 1694

Nimes en …

Arles Evêché en
Archevêché * en …
Marseille en … 37
Orange * en …
S.Paul trois Chateaux * en … 1648
Toulon * en … 2441

Aix Evêché en
Archevêché en …
Frejus * en … 374
Riez en …
Apt * en … 400
Gap en …
Sisteron + en … 517

Vienne Evêc en
Archevêché en …
Valence en …
Die en …
S.Jean de Morienne en Sauvoye * en … 340
Geneve luttriene transferé a Anecy au Duc de Savoye
Grenoble * en … 381
Viviers transferé
d'Albis en … 430

Ambrun Evêc en 513
Archevêché en …
Digne en … 343
Nice au Duc de Savoye en …
Glandeve * en … 406
Senex en … 440
Vence * en … 369
Grace en … 436

Besançon Evêc en
Archevêché en …
Basle + en … 346
Lausanne en …
il fait sa residence a Fribourg depuis qu'il Bolley en … 410
Bezançon en Fran-che-comté reste a la France, par la Paix de Nimegue conclue en … 1697
Barle et Lausanne en Suisse et Bolley en France.

Il faut aussi incorpo-rer dans ce Royau-me l'Archevêché d'Avi-gnon et les Rivieres de Vaison, Carpen-tras, Cavaillon et le Puy mais ils depen-dent du Pape;
Las trois Evêchez de Metz, Toul, et Verdun en Lorraine resté au Roy par la Paix de Munster en a… relu en … 1648
Strasbourg en Alsace Ypres dans les Payibas Perpignan dans le Rossillon, sont tous a la Pro-vince et on lit deçouvra en son lieu, suivant leurs Archevêchez.

LE CLERGE D'ESPAGNE.
Tolede Evêché en 36
Archevêché en … 1088
Cartagene + en … 77
Murcie, trasféro de Lorca en …
Segovie environ 70
Cordove en … 444
Siguença en … 509
Osma en … 597
Jaen * en … 1246
Cuenca en … 1183
Valladolid en … 1195

Burgos Evêché transferé d'Auca en 1075 ou en 1097
Archevêché en 1571
Palencia + en … 60
Pampelune * en …
Calahorra en … 460
Calzada en … 1180

S.Iaque de Com-postelle Evêc en 808
Archevêché en 1122 au lieu de Merida la Grande
Merida environ 40
Avila en … 66
Badajox en … 347
Ciudad-rodrigo * en … 252
Tuy en … 408
Orence en … 558
Leon en … 559
ou en … 569
Mondonedo ou 1172
Coria * en … 560
Salamanque en … 569
Oviedo en … 588
Plasentia en … 1189
Lugo en …
Astorga en …
Zamora en … 1123
Sevile Evêché en 38

Archevêché * en 669 ou en … 60
Cadis en …
Guadix en … 65
Canaria en … 1486
c'est une Isle d'Afrique

Grenade Evêc en
Archevêché en …
Malaga en …
Almeria en …

Saragoce Ev. en
Archevêché en 1318
Tarazone en … 380
Huesca * en … 598
Balbastro en … 610
Iaca en … 1081
Terval en … 1577
Albarazin en … 1171

Tarragone Ev. en
Archevêché en 1088
Barcelone en …
Tortose en … 64
Girone en … 247
Lerida en … 268
Vich en … 300
Vrgel en … 527
Solsone en … 957
Perpignan transf.
fore de Hene en 1604

Valence Evêc en
Archevêché en 1492
Segorbe en … 506
Majorque en … 1229
Onivelha en … 1664

LE CLERGE DE PORTUGAL.
Bragne Evêc + en … 44
Archevêché en 1007
ou en … 600
Port a Port en … 91
Liamego en … 490
Vizeu en … 572
la Guarda en … 1200
cy devant a Idagua
Mirande en … 1555
Lisbonne Ev. en 377
Archevêché en 1390
Coimbre en …
Portelegre environ l'an … 1549
Funchal en l'Isle Madere en …
Leiria en … 1545
Elvas en … 1570
Ceuta en Afrique Agra en l'Isle Ter-cere en …
S. Salvador en …
Afrique en … 1676
S.Iacques une des Isle de Cap Verd
S.Tomas Isle d'Afrique en …

Rivora Evêché en …
Archevêché en … 1540
Faro en … 1580
Tanger en Afrique qui a Ceuta Arce-vêché de Lisbonne

DANS LES PAYS-BAS
Malines Evêché
Archevêché en 1559
Anvers en … 1559
Gand en … 1559
Ruremonde en 1559
Ypres en … 1559
Bois-le-Duc en 1559
Brugges en … 1559

Utrecht Evêc en 697
Archevêché en 1559
Deventer en … 1559
Groningen en 1559
Haerlem en … 1559
Leeuwarden en 1559
Midelbourg en 1559

† Marque ceux qui sont entre les mains des Hollandois.

LE CLERGE D'ALLEMAGNE
Mayance Ev. en 80
Archevêché + en 754
Augusta en Suede 300
Smarbourg en … 346
Spire en … 346
Wormes … Arc-chevêché en … 349
et Evêché en … 720
Venden + en … 761
Wirtzbourg en … 748
Halberstat en … 780
Aichstet + en … 732
Paderborn en … 795
Hildesheim en … 814
Ceire en …
Courtance dans le cercle de Suede en

Treves Evêc + en … 66
Archevêché en …
Metz en …
Toul en …
Verdun en … 110
Cologne Evêc en 67
Archevêché en 1725
Liege en … 727
c'est une branche de Tongres et de Maestricht cette derniere ville a esté son premier Evesché que en … 814
Osnabrug + en 804
Minden en …
Munster + en … 800

Fin du douzieme folie.

Saltzbourg E. en	582
Archevêché en	785
Brixen transferé	
de Siben en	1098
orge en	360
et non p.r Prelat	
fut nommé en	365
Ratisbone en	470
ou en	739
Freisingen en	730
Chiemsee en	1215
Seckaw en	1219
Lavamond en	1228
Gurck en	
Neustat en	1468

Magdebourg Ren. gr.
Archevêché en	
Merxbourg + en	669
Brandebourg en	946
Missen en	952
Naumbourg en	974

quelques uns le font Archevêché

| Hambourg en | |

son Evesque est l'E-lecteur de Brandeb.

Bremen Evêché
| Archevêché en | |
| Lubeck en | 1062 |
cy devant Olden-bourg en 970
| Ratzbourg en | |
Swerin institué en 1062 dans la ville de Mec-kelbourg puis trans-feré a Swerin en 1170

Ces deux derniers Archevêchez ont esté secularisez par la Paix de Westphalie avec leurs suffragants ou bien ils sont protestants.

En Boheme
Prague Evêché en Archevêché environ l'an 1360
Olmutz en	
Lietmeritz en	1655
Koninginigratz en	1664

Autrefois les Archevê-chés de Riga et de Bre-men, comm. étoient incorporez à l'Allemagne.

LE CLERGE DE HONGRIE.
Gran ou Strigonio Evêché en
Archevêché en	998
Neytra en	
Javarin ou Raab.	
Agria en	
Vaccia en	
Cinq-Eglises en	

| Vapron en | |

Coloc xa Evêc en
Archevêché en	
Zagabrie en	
Sirmisch en	
Chonad en	
Bosna en	
Varadin en	
Hermanstat en	
Zeben en	

Ces deux Archevêchez et 10 de ces Evêchez du Royaume de Hon-grie ont esté erigez du temps de S. Estienne premier Roy de ce Royaume qui comença de regner en 1000 ou en 1020

LE CLERGE DE POLOGNE.
Genesne Evêché + en	997
Archevêché en	
Gnesne en	
Wladislaw ou Lesbus en	965
Breslau environ	1075
Wollin + en	

Le Mahumetisme a lieu en quelques Pro-vinces. Et il y en a d'autres de Gentils comme telle d'Odhma ou ils adorent l'Idole Slata-baba, c'est a dire la Vieille dorée dont toutes les Rela-tions parlent.

Posna en	
Plocko en	
Varmia en	
Seanland en	
Lusko en	
Wilne en	1306
Medniki en	1413

Lenpolis Evêc. en
Archevêché qui a esté erigé d'abord
| en Alitz en | 1361 |
transferé à Leopo-lis en 1412
cete ville est le siege des 3 Arche-vêques sçavoir un latin catholique, un Armenien catoliq, et un Russien Grec chismatique, l'Ar-chevêque latin a pour suffragant
Premysl en	
Krasnostaus en transferé de	
Relm en	
Chelm en	
Kiowia en	
Kamieniek en	
des cete ville il y a un Evêq. Grec.

L'Archevêché de Riga étoit aussi du Clergé de Pologne mais il est aujourd'huy à la Suede.

EN MOSCOVIE.
Les Moscovites sont Schismatiques Grecs. Ils ont un Metropoli-tain resident a Mos-cou, qui ne depend plus de celui de Con-stantinople et que nomme et depose le Grand Duc leur Sou-verain. Sous ce Me-tropolitain sont deux Archeves ques ; celui de Rostou et celui de la Grande Novogor-od, qu'on dit estre de plus d'estenduë que Rome. Ils ont encore huit Evesques, qu'ils appellent Vladiques, c'est a dire Occano... ou Dispensateurs

Il n'y a nulle Academie ni aucun collège dans tout le Royaume, où le Souverain est tenu pour le plus sçavant de tous ses sujets.

EN DALMATIE ET ALBANIE.
Zara Evêc en	380
Archevêché en	1409
Arbe en	
Osero en	
Veglia en	

Spalato Evêché transferé de Sa-lona, en Archevêché envi-ron l'an 650
Segna en	
Nona en	
Traw + en	1000
Scardone en	
et c'est le mesme de Belgrade rui-ine en
Lesina en	1192
Sebenico en	1298
Macarska en	
Knin en	

| Dulma en | |

Ragusi Evêc en
Archevêché en	990
Stagno en	
Trebigne en	
Naronza en	

Rizane en son Prelat faisoit autre fois sa resi-dence a Castelnovo
| Curzola en | |

Antivari Evêc en
Archevêché en	1034
Scutari en	
Pulati environ	1167
Dulcigne en	
Sappa en	
Pristren en	
Samandrie en	
Belgrade dans la Servie en
Budua en	
Drivasto environ	1057

Durax Evêché en
Archevêché en	
Alesso en	
Alba en	
Benda en	
Canovia en	
Orye en	
Cotigne en	

PATRIARCHAT DE CONSTANTINOPLE.
Au quel S. Marc Evan-geliste donna S. Timotin pour son prem. Evêque selon Reinlinch, mais selon Ricul fut erigé par S. André Apôtre Puis devenu Patriar-chat. C'étoit autre-fois le premier de toutes les Eglises d'Orient, comme aussi d'Europe, d'Asie, d'Afri-que et particulierement des Grecs, plusieurs desquelles s'en sont voulu trouves opres-quay qu'il conserve toujours ce, titre de primauté. Sa jurisdi-tion s'étend encore sur les Patriarches d'Alex-andrie, d'Antioche et de Jerusalem quoy qu'ils payent le tribut au Grand Seigneur et ayent leur resi-dence aux Patriarchales dans ces contrées a peu prés comme ce-luy de Constantinop le Pape se conserve toujours son election.

DANS LES ISLES DE L'ARCHIPEL et de la Mer MEDITERRANÉE.
Corfu Evêché en
Archevêché environ	919
Cefalonie en	
Zante en	

Candie Evêché en 599
Archevêché en	
Clonea en	1203
Milopotamo en	
Spinalonga + en	1405
Ariense en	1590
Arcadie en	1707
Seba en	
Girapetra en	
Cissamo en	
il est uni au Collège Grec de Rome

Naxe Evêché en
Archevêché en	
Athie en	
Sira en	
Scio en	
Andro en	
Santorini en	
Termia en	

Il faut remarquer que depuis Dalmatie, jus-q'icy la plus grande de partie, des toutes des prelature sont ici la puissance des Turcs, dont il y a un entremelées des deux differents Rits c'est a dire des Grecs et des Latins même en plusieurs endroits les deux prelats resident en semble, dans une même ville, et pour les distinguer cas à residences sont mar-qués par cette croix Et où seront les seuls Archeveques Grecs pour les seuls Evêques Grecs †. Et pour ceux qui dependent des Tur...

Archevêchez et Eve-chez Grecs et Lati-ns de la Grece et Autres lieux.
Dans les Isles de l'Archipel
| Miteline Archevec. | |
Negropont Archevê-che uni au Patriarcha de Constantinople.
Rhodes Archevec.	
Scarpanto Evêché	
Scaro Evêché	

| Sifanto Evêché | |

Dans la Natolie.
Smirne Archev. G. et Evêché Latine	
Nicomedie Evêché	
Efese Evêché	

Sophire Capitale de la Bulgarie Arch. sans suffragants.

Dans la Macedoine.
Salonique Archev.	
Zucarie Evêché	
Cogni Evêché	
Chitro Evêché	
Christianopoli R.	

Dans la Romanie.
Filipopoli Archevec Latine et Evêché
| Andrinople Evec. | |
| Gallipoli Evêché | |

Dans l'Albanie.
Scopia Archev.	
Valona Archev.	
Pierga Archev.	
Ocrida Archev.	
qui n'a point de suff.
Croia Evêché	
Dagno Evêché	

Dans la Tessalie.
| Ianna Archev. | †t. |
| Larisse Arch. | †t. |
Demetriad Arche-vêché Lat. et Ev.
Farfa Evêché	†t.
Tricala Evêché	†t.
Zeiton Evêché	†t.

Dans l'Epire.
Larta Archevêché	
Chimera Evêché	
Butrinto Evêché	
Ragusi Evêché	
Vontza Evêché	

Dans la Livadie.
Livadie Evêché	†
Athene Archevec	†t.
Thebae Archevec	†
Thespe Evêché	†
Eretria Evêché	†t.

Dans la Morée.
Patrasso Archev.	†
Colochine Archev.	
Corinthe Archev.	†
Napoli de Romanie	†
Modon Evêché	†
Coron Evêché	†

Tous ces Archevêchez et Evêchez tant grecs que latins depuis Me-teline jusqu'icy, sont

---

rangez confusément comme j'ay pû le, rau avouy qu'ils sont dans chaque. Provinc dont la plus grande partie dependant des Grecs, n'ayant pu trou-ver ny leur ordre ny le tems de leurs Ere-ctions. Ils sont dis-tinguez par des mar-ques comme cy devant

EN L'ASIE

LE CLERGE DE CYPRE.
Tout le Gouvernement Ecclesiasque de ce Royaume étoit de la jurisdition de l'Arche-vêque Grec de Fama-guste qui environ l'an 600 a transféré le siege de Salamine qui etoit son ancienne metropolitaine où ils ont professez leur loy jusq'au tems des Apô-tres. Il avoit sous luy 14 Evêques tous Grecs il étoit nommé, par Excellence Archevêque de Cypre.
Sous le Pontificat du Pape Boniface III le sie-ge Archiepiscopal de Famagusta fut trans-feré en Nicosie, et des 14 Evêques Grecs il n'a fait 4 Latins, sça-voir Nicosie Archevê-che, et Famagous ta, Paffo et Limiso, Evê-chez et consentit qu'il y auroit aussi des Evê-ques Grecs dans ces 4 villes mais que les autres dix seroient abolis a mesure qu'ils mourroient.
Ce changement Eccle-siastique fut fait par les prieres de la Re-ne Alise qui enuo-ia au Pape des Let-tres au Concile de Latran tenu en usage Ce Prelat jouissoit de plusieurs belles pre-rogatives, mais aujou-rd'hui comme ce Royaume est tombé entre les mains des Turcs depuis que l'Empereur Selim le prit aux Venitiens, il raside a Venise.

PATRIARCHAT DE JERUSALEM.
Cette grande dignité est conservée par la Nation Grec. et fait sa residence dans ce-te même ville. Ordinai-rement ce Prelat à le bonheur d'etre le gar-du St. Sepulcre il a tan-tôt Chrétien et tantôt Grec il a 5 ou 6 Evêq. de la nation pour suf-fragants, qui font son Election avec des Reli-gieux de l'ordre de St. Basile qui sont aussi Grecs. Aprés l'Ele-ction il vont a Constanti-nople pour obtenir la confirmation du Grand Seigneur, a qui elle est independente de ce Pa-triarchat et lui ayant obte-nue il distribue 15. au 20000. écus au moins li-bre, aprés quay il re-tourne a Jerusalem où il se fait reconoître par ceux de sa nation pour chef Souverain de tou us les Chretiens de la Terre Sainte et autres, en fesant afficher le present Mandement. dans l'Église du Saint Sepulchre et autres eux de sa dependence N.N. DEI GRATIA Beatissimus, et San-ctissimus Pater, et Pa-triarcha, Pastor Pas-torum, Summus Ponti-fex Universalis in Sancta Civitate Jeru-salem, et tota Palres-tina, Syria, Arabia, Trans-Jordanem, Cana, Galileae, et Sancta Syon.
Mais s'il arrive qu'il est absolument Grec. ou Schismatique, les Chré-tiens du lieu ne le reco-noiss entpoint et l'ex-communient tous les ans le Samedy Saint par une certaine cere-monie ou etant reve-tus pontificalement en-foncent un grand Clou a coups de Marteau en un lieu qu'ils appe-lent pavimento.
Le veritable Patriar-che catholique fait sa residence a Rome et est élu par le souverain Pontif. Fin du 3e.Eclai.

PATRIARCHAT D'ANTIOCHE.

Mont Liban dans la Sirie, residence du Patriarche d'Antioche, tiltre donné par le Pape Alexandre VI. Et à l'Eveque de Damas et six autres pour suffragants qui tous reconoissent le Saint siege de Rome. Son Election se fait par les Peuples qui pour cet effet s'unissent avec le Clergé. Cette élection se peut faire d'un séculier pour vû qu'il n'ait point esté Marié, par ce qu'ils sont obligez de professer la Reigle de S. Antine qui leur interdit, cette maniere d'Election est suivant la coutume de la Primitive Eglise, car les Prestres peuvent estre mariez pourvû qu'ils le soient devant l'Ordre de prestrise. Aprés l'éléction ce Patriarche envoye quelques Religieux à Rome pour obtenir la confirmation. Quoy que les Peuples soient Grecs ils sont bons catholiques et jamais rien ne les pû separer de la verité. la Religion quoy qu'ils se soient parmi les Barbares et que leur Roy payent le tribut au Basha de Tripoli. Ce Prelat a environ bona Cierus de revenu.

EN PERSE.

Nasciva archevesché de Perse sept suffragants erige en 1300 qui est remplie aujourduy par des Moynes de l'Ordre de Saint Dominique eslû par les Peuples de son diocese le quel contient douze Chateaux ou Terres des Armeniens catholiques sçavoir Abaraner, Corna, Coskaken, Bolu, Abaraconis, Jactac, Chiabut, Sciahuci, Cenrak, Suezen, Choxixe, Cervaque avec 2 Autres, qui s'étendent jusqu'à 120 Milles de longueur et 60 de largeur. Ce Prelat fait sa ordinairement sa Residence dans le Chateau d'Abaranor, ou est le meilleur Couvent de toutte la Province de son Ordre.

DANS LES INDES ORIENTALES.

Goa Archevesché en ... 1558
Cochim en ... 1558
Malaca en ... 1558
Meliapur environ l'an ... 1570
Macao en ... 1576
Grancanor en ... 1600

Goa au Roy de Portugal. Maliapur au Roy de Golconda. Macao au Roy de la Chine. Grancanor au Roy de Calecut. Cochim et Malaca ou Hollandois.

Dans les Isles Philippines.

Manille ou Lucon Archevesché en. Ilo nom de Dieu en. Nouvelle Segorie en. Caceres de Camarines en ... 1595
Nagazachi en ... 1600

Ce dernier Archevesché et ses suffragants sont tous sous la domination du Roy d'Espagne hormis Nagazachi qui est dans le Japon, mais sans Prelat par ce que le Japonnois sont devenus idolatres.

Ancienne division Ecclesiastique d'Asie.

Anciennement cette seconde partie du monde de a cn jusqu'à 40 Metropolitains et 500 suffragants qui ont subsistez jusqu'au XII Siecle et étoit divisée en quatre parties, 1 Le Diocese Asiane qui avoit 12 Metropolitains et 796 suffragants 2 Le diocese de Ponto côte noit 12 Metropolitains et 67 suffragans 3 le Patriarche d'Antinochie comprenoit 13 Metropolitains et 110 suffragants et le 4 étoit le Patriarche de Jerusalem a qui l'on donnoit 3 Metropolitains et 48 suffragants.

EN AFRIQUE

PATRIARCHAT D'ALEXANDRIE.

Au temps passé il y avoit plusieurs Metropolitains et un nombre infini d'Eveques en Afrique, mais aujourd'huy ils sont reduits a fort peu et sont tous suffragants des Archeveques d'Espagne, de Portugal et du Rit Grec. Neanmoins il subsiste encore dans la ville du Grand Caire le Patriarche de Copti qui est l'ancien d'Alexandrie, fameux pour avoir eu Saint Marc l'Evangeliste pour son premier Prelat qui a ordonné que son Election se feroit par 12 Prestres, mais Alexandre XIX Patriarche élu en 300 abolit cete coutume et a ordonné qu'à l'avenir des Evesques feroient l'Election, et choisissant un homme de probité, même dans l'Ombre seculier ainsi cette Election subsiste encore aujourd'huy en la faisant par douze Evesques qui s'assemblent par des lettres Missives dans l'Eglise Patriarchale nomée par eux Maallaca au faute de quelques uns d'eux on prend deux Archiprestres pour un Eveque. Ce Patriarche est reconu pour chef des Eglises d'Ethiopie, et a le privilege de donner à ce Pays son metropolitain qui depuis l'an 356 qu'il a commencé d'entrer en possession jusques en 1700 a eu 116 Metropolitains tous Elus par les Patriarches, mesme anciennement il avoit la Nubie, la Barbarie et le Royaume de Gypre, quand il faisait sa residence dans la ville d'Alexandrie le siege a succedé jusques a 65 Patriarches. Aujourd'huy il a seulement 17 Evoques pour suffragants tous pauvres. Quoy qu'ils soient en Pays barbares ils reconoissent l'Eglise Romaine, et le souverain Pontif en nomme toujours un autre qui reside toujours a Rome.

DANS LES DEUX AMERIQUES.

Ces deux Penisles qui par leur grandeur so sont acquis le nom de Nouveau Monde depuis l'an 1492 qui a Americ Vespuce, Florentin acheva de les decouvrir aprés quoy la Religion catholique y est tellement affermie pour les Metropolitains, avec trente six suffragants qui sont

Mexico en la Nouvelle Espagne Evêc en 1500 Archevesché en ... 1547
Gualimala en ... 1534
Vera-pax en ... 1556
Mechoacan en ... 1536
Guaxaca en ... 1536
Chiapa en ... 1539
Nicaraque en
Los Angeles transferé de Tlarcala 1570
Merida en ... 1561
St Fé du Nouveau Mexico en
Durango en ... 1600

S. Domingo dans l'Isle Spagnuola Ev. en 1504
Archevesché en 1546
la Conception de la Vaga en
S. Jago de Cuba en
S. Jean de Portorico en
Valladolid en ... 1531
Venezuela transferé de Coro en ... 1637

Lima dans le Meridionale Ev. en 1530
Archevesché en ... 1546
Cusco en ... 1537
S. Jago de Chile en 1561
la Conception de Chile en ... 1564
Panama en
Aroquipa en ... 1577
Truxillo en
Guamanga en ... 1609

EN L'EUROPE

LE CLERGÉ D'ANGLETERRE.

En differents Regnes la Religion Catholique a esté troublée en Angleterre, mais particulierment sous le regne de Henry VIII ce Royaume infortuné renonça tout a fait aux ordres de notre Evangile pour embrasser ceux de Luther, Calvin et autres. Ce funeste changement arriva environ l'an 1533 sous ce même Regne, où il fit une des plus abominables Apostasies qui se puisse jamais former en se faisant reconoistre pour chef de l'Eglise Anglicane

S. Fé de Bogota Evêché en ... 1562
Archevesché en 1564
Cet Archevesché a été suprimé de Sainte Marthe. Cartagone en ... 1549
Sainte Marthe retabeli en ... 1577
Popayan en

la Plata Evêché en Archevesché en 1552
La Paix en
S. Michel del Batero en
Ste Croix de la Serra en ... 1605
il a été démembré de l'Eglise de la Plata en
l'Assomption de la Plata en

S. Salvador dans le Brasil Ev. en 1551
Archevesché en 1676
Olinda en
S. Sebastion en 1676
S. Loran en 1677
Aprés avoir fait une recherche la plus exacte qu'il m'a esté possible dans tout le Mode sur cette Geografie sacrée pour la Gloire de Dieu et de son Eglise, ne commençant tourer en Europe pour plusrer le demembrement des 12 sieges Archiepiscopal et un ordinarium bre de 57 suffragants qui sont ceux des puissances des Couronnes du Nord, professans la Religion pretendue reformée, reconois sous leur Roy pour chef de leur Eglise de sorte que le limit de Romain en a cuise connoissance comme il peut avoir dans les terres des Turcs et des Idolatres en voicy nonobs les titres. Et c'est pour cela que je lay mise à la fin de cette Ouvrage.

En Escosse

S. André Evêché transferé d'Abernethy 960
Archevesché en 1471
Aberdeen en ... 1124
Transferé de Murtlag.
Dunkelden en
Murray en
Dumblain en

Canterbury Ev. en 598
Archevesché en
Londres Ev. en 314
Landaff en ... 560
Bangor en
Saint David en
Saint Asaph en 590
Rochester en ... 600
Lychfield en ... 656
transferé a Coventtry en ... 1075
Hereford en ... 679
Worcester en ... 680
Vinchester en ... 660
Excoster en ... 1040
Salisbury transferé de Schorburi en 1075
Chichester en
Lincolne en ... 1075
Bath environ l'an 1090 cey devant Vellas
environ l'an ... 905
Glocester en
Norwich au lieu de Tinford en ... 1090
Ely en ... 1109
Bristol en ... 1542
Peterburg en
Oxford en ... 1546

York Evêché
Archevesché environ l'an ... 630
Chester en
Durham en ... 990
cérime translation de l'Isle Holy-land son 1er Prelati en 635
Carville en ... 1133

Brechin en
Edimbourg en 1633
Rossa en
Cathnes en
Orknay en

Glaskou Ev. en 1454
Archevesché en
Whithern en
Ebridi en
Argyle Evêche in certaine quelques uns lui donant aussi Lismore mais mal a propos.

En Irlande.

Armach Evêc en Archevesché en 1151
Midh ou Moth 1170
Chian en ... 1168
Clogher transferé
Decunes en
Dawne en
Connor en ... 1442
Londonderry en 1164
transferé d'Ardmithe et de Maghera
Rapoe en
Kilmore en ... 1454
Ardaghe en

Dublin Evêche Archevesché en 1152
Glondelac Fuine
Kildre en
Fernes en
Laighin I en ... 1600
Kilkouni en ... 1088
transferé de Scirkeran et Aghaure
Casxel Ev. en 1074
Archevesché en
Emoley mine
Limoryck en
Westfort en
Lismore I en 1363
Cloney en
Cork en
Ardart en
Kittnor en
Rosse en
Killalow Ev. en 1618

Town Evêche Archevesché en
May en
Emagdowne en
Elphin transferé de Olfin en
Clonefort en
Kilmacdugh I en 1600
Kilfala en
Achonry Ev. en 1630

Magin donne a cette Isle 1er Evêché et d'autres que douze.

terra, mais particulierment sous le regne de Henry VIII ce Royaume infortuné renonça tout a fait aux ordres de notre Evangile pour embrasser ceux de Luther, Calvin et autres. Ce funeste changement arriva environ l'an 1533 sous ce même Regne, où il fit une des plus abominables Apostasies qui se puisse jamais former en se faisant reconoistre pour chef de l'Eglise Anglicane

LE CLERGÉ DE SUEDE.

Upsal Evêche en Archevesché en 1248
Lincopen en
Scara en
Arosen en
Vexsien en
Abo en ... 1158
Fiburgo en

En Livonie.

Riga Evêché en Archevesché en
Revel en
Derps en ... 1290
Hapeel en
Osel en
Venden en

Gustave I du nom Roy de Suede qui fut elevée sur le Trone, en 1523 introduisit le vie de Luther dans ses Etats.

LE CLERGÉ DE DANEMARK.

Lunden Evêc en 1065
Archevesché en ... 1104
ou en 1904 ou en 1156 ou en 1219, et comme cette Ville est au Roy de Suede depuis l'an 1658 elle est reduite en simple Evêché par ce que le siege Archeepiscopal et transferé a Compenague de puis l'an ... 1660
Roschild en ... 1022
Odersseé en ... 1060
Neswick en
Ripa en
Fiburgo en ... 1396
Alburg en
Arhusen en

En 1632 Frederic I du nom Roy de Danemarch introduisit le Lutherianisme dans ce Royaume et qui est toujours suivi.

DANS LA NORWEGE.

Drontstein Evêc en Archevesché en 1248
Boyruen ou Berga ou Bergen en
Stafanger en
Hammer en
Christiania en
Hola en Halar dans l'Isle d'Islande en
Scalholt dans la mesme Isle en

www.ingramcontent.com/pod-product-compliance
Lightning Source LLC
LaVergne TN
LVHW020705200726
843508LV00002B/897